지하철 6호선
승객이
이제 7호선
승객으로

지하철 6호선 승객이 이제 7호선 승객으로

임은모 지음

이담
Books

지하철 6호선 승객이 이제 7호선 승객이 되면서

솔직하게 고백하자면 나이가 든 것은 자랑이 아니다. 그래서 늙었다는 것은 우세(優勢)일 수 없다. 그렇다 해도 굳이 남보다 월등하다는 의미의 우세가 나의 이미지 전부라면 얼마나 좋을까? 멋진 인생을 살았음을 고백한다면 얼마나 더 좋았을까? 이를 반추할 정도와 수준에 못 미친 인생 칠십을 맞고 있어 후회막급이다.

그런데도 『지하철 6호선 승객이 이제 7호선 승객으로』라는 제목으로 이 자서전을 펴낸 배경은 크게 두 가지로 요약할 수 있다. 하나는 이제 내가 지하철 6호선 승객에서 7호선 승객으로 갈아타는 인생이 모작 사람이 되었다는 점이다. 집과 지근의 거리에 있는 일자산 잔디 광장을 끼고 다니는 지하철 5호선과 월드컵 축구장에 이르는 6호선을 번갈아 타면서 생활을 영위하던 내가 이제는 수락산에 오르는 길목을 관통하는 7호선 승객이 되었다는 사실이 이를 잘 방증시켜 주고 있다. 다른 하나는 자서전을 쓰는 명사의 반열과는 거리가 먼 내가 자신의 인생을 여과 없이 소개하지 않을 수 없는 사건과 맞닥뜨렸기 때문이다. 난생처음 종합병원 신세를 지면서 지나온 슬픈 치료의 세월이 결국 이런 자서전으로 이어질 수 있음에 스스로 놀라고 말았다.

하지만 인생이모작에서 종심(從心)의 반딧불 정(情)인 인생 일흔 살은 그렇게 적은 나이는 아니지 않은가? 일제강점기의 해방으로 시작해 6·25전쟁과 민주화 운동 등을 거친 이른바 실버시대의 산증인이 된 70세가 그저 몸으로 때운 현역병 시절까지 배고픔과 미래에 대한 고민의 연속으로 점철된 인생을 어찌 필설로 채울 수 있을까? 여기에 그치지 않고 나는 경제적으로는 허니문푸어를 거쳐 하우스푸어를 직접 체험하고 또 그것도 부족해서 에듀푸어까지 고르게 경험한 세대에 속한다. 그렇다 보니 인생이모작이 절대적으로 필요한 한국의 70대는 노후자금을 저축할 여력마저 잃고 실버푸어로 전락하는 사람들이 부지기수로 많다.

　나 역시 예외가 아니다. 불행하게도 직접 몸으로 겪었고 이를 경험으로 인지해서 오늘까지 살았다. 그래서 나에게는 롤모델이 많다. 이 책 속에 녹아낸 마쓰시타 고노스케를 비롯하여 스탄쉬 대만 에이서 회장과 오늘날 인터넷을 집대성한 짐 클라크 등이 이들 면면이다.

　내게 지피지기(知彼知己)를 설파한 나관중의 삼국지(三國志)는 특별했다. 예를 들면 '나의 한계를 정확하게 알 때'를 제시한 대목이다. 우선적으로 삼국지 백미는 사마의(司馬懿)의 게임이론을 활용한 부분이다. 왜냐하면 사마의는 아무것도 가진 게 없었다. 그러나 딱 가진 게 하나 있었다. 그게 뭐냐 하면 '나는 제갈량한테는 안 된다. 제갈량과 붙으면 절대로 진다'라는 깨달음이다. 그는 그것 하나만큼은 제대로 알고 있었다. 바로 그게 사마의가 가진 유일한 재능이기도 했다. 제갈량이 아무리 지략이 뛰어나다고 해도 도망만 다니는 사마의는 상대조차 할 수 없었던 것이다. 사마의를 싸움판에 끌어내야 싸우든지 죽이든지 할 텐데 상대는 전혀 나타날 조짐을 보이지 않았다. 결국 중국천하는 사마의가 차지하게 되었고 그의 손자 사마염(司馬炎)에 의해 중국은 비로소 통일하기에 이른다. 사마의가 천하를 통일할 수 있었던 가장 큰 이유는 자신의 한계를 정확하게 알고 있었기 때문이다. 지피지기(知彼知己)의 교훈이 빛이 나는 순간이다.

또한 삼국지의 압권은 노인 한 명이 죽은 것을 도서관 하나가 사라지는 것으로 규정하고 있다는 것이다. 그렇다고 세계사적 인물을 등장시키는 우(愚)를 범하기보다는 자신의 진실성을 녹여낸 목소리, 자신만의 슬픈 목소리를 책으로 펴내는 일이 과제로서 내 등을 치고 있었다. 더글러스 맥아더 장군이 미국 국회에서 퇴임사로 말한 메시지 "노병(老兵)은 결코 죽지 않는다. 다만 사라질 뿐이다"를 나도 이야기하고 싶은 것이다. 그의 어록에 추가되는 이 대목은 저절로 무릎을 치게 한다. 이른바 맥아더 70년 인생의 소회다.

"나이가 60이다, 또 70이다 하는 것으로 그 사람이 늙었다, 젊었다 할 수 없다. 늙고 젊은 것은 그 사람의 신념이 늙었느냐 젊었느냐 하는 데 있다." 이를 내 인생이모작의 기본적 이론으로 삼고, 이 책을 위해 모두 아홉 개의 주제를 선정하였다. 우선 솔직한 내 인생고백이 되게끔 진솔하고 진정성이 가미된 일흔 살 사내의 재발견 이야기로 시작을 풀었다. 거듭 밝히지만 이 책을 읽을 독자들이 '가난했다, 못 배웠다, 허약했다'를 들춰 낸 나의 부도덕을 흉내 내지 않기를 바랄 뿐이다. 다만 우리가 살고 있는 이웃에서 흔하게 보았거나 또는 대면하는 인생군중에서 그렇고 그런 사람이 하나쯤은 있었다는 흔적으로서 '인생 재발견의 이야기'로 간주해 준다면 다른 바람은 사치일 것이다.

끝으로 이렇게 무딘 글이지만 출판의 기회를 주신 채종준 한국학술정보(주) 대표이사님께 깊은 감사를 드린다.

2012년 5월 5일
임은모

contents

04. 너우나 평범하지 않는 우리의 엔토

05. 가족이라는 공감편지

09. 글로벌 리더가 되는 길

01
저 낮고 낮은 광장에 우리가

1. 해가 돋는 아침의 일자산 잔디광장

매일 돋는 아침 해는 희망의 메시지다. 이른 아침 햇살이 일자산 잔디광장의 어둠을 밀어내고 하루의 시작을 안내한다. 어제와 별반 다름없는 오늘이라 해도 일자산 잔디광장에 내리비추는 아침 햇살은 마음을 여는 신선함에서 일품이다. 특히 흑룡의 해라는 임진년(壬辰年) 초하루 일자산 봉우리는 해돋이를 맞으려는 민초들로 인산인해를 이루었다. 지난해의 일출과 하등 다름을 찾아볼 수 없는 서울 민초들의 해돋이라 해도 반갑고 여간 신나는 첫해 첫날 신고식이기에 각별한 의미로 다가왔다. 우선 해돋이 행사는 신의 피조물인 자신에게 한 해의 약속과 각오를 다지는 기회의 장이기 때문이다. 약속과 기회의 의미가 어렵다면 내면적 자신과의 악수(握手)라고 정정해도 그 의미의 지향점은 마찬가지이다.

악수는 상대가 있는 법이다. 나와 다른 사람, 내가 아닌 다른 존재, 나보다 앞서 다른 희망에 의해 악수는 필요하다. 하지만 진정한 악수는 내면과 외면의 사이에서 항상 자신의 정체성을 지닌 우리 민초들의 소박한 희망이 대안이 된다. 그래서 올해도 어김없이 아쉬웠던 신묘년(辛卯年)을 보내고 한 해를 준비하는 세모(歲暮), 바로 그날 아침이 되면 새해 첫날에 뜨는 햇님을 보고 싶어 한다.

어김없이 올해의 해돋이를 맞으려는 서울의 민초들이 어스름이 아직 가시지 않은 일자산 봉우리에 모였다. 나 역시 지난해와 별반 다름이 없이, 어제의 아침 조깅코스답게 그 옷차림으로 일자산 봉우리에서 맞은 해돋이는 내게 일상의 연장일 뿐이다. 그러나 감회와 회환은 지난해와 매우 달랐다. 서문에서 밝혔던 대로 이제 나는 지하철 6호선에서 7호선으로 바꾸어 타는 새로운 승객이 되었기 때문이다. 어찌 감화와 소회에서 각별함이 없을 수 있을까?

2012년 한반도 일출은 7시 30분 20초, 당신은 어디서……

2011년 12월을 열기 바쁘게 언론매체들은 일출행사에 대한 안내로 독자의 알 권리에 일조하고 있었다. 신문에 의하면 한반도에서 가장 먼저 해가 뜨는 곳은 울산의 간절곶이라고 한다. 해돋이 시간은 아침 7시 30분 20초로 강릉의 정동진보다는 7분 30초나 빠르다고 소개했다. 남도의 해맞이도 각별하다고 전했다. 전남 해남 땅끝마을에서는 일출과 일몰을 함께 볼 수 있고 동시에 '호미꽃 신년 해맞이 축제'를 통해 많은 사람들이 몰려들었다고 부연 설명하고 있다. 일출도 보고 소원도 빌리는 민초의 꿈은 소박 그대로이기 때문에 울산의 간절곶이라든가 해남의 땅끝마을이라든가 하남평야가 내려다보이는 일자산 봉우리에서의 해돋이 행사는 같은 의미이고 같은 소원이기에 그들의 마음은 오직 자신과의 약속에서 한 해를 출발하려는 마음의 표현일 것이다. 그래서 약속의 실체는 바로 나와 당신과의 악수로서 그 첫 증표가 된다. 아니 존재의 철학이 성립될 수 있는 점이 새해 첫날의 기대일 것이고 동시에 우리 민초는 항상 존재 가치로서 행복의 주인공이 되어야 한다.

이제는 행복을 이야기하자

행복(幸福)은 곧 삶의 질을 높이는 일이다. 임진년 화두는 우리 민초의 행복을 위한 것이어야 한다. 우리 민초들이 행복의 주인공이 되지 못하면 어떤 국가시책도 어떤 국가적 어젠다도 그림의 떡이고 부질없는 구호에 지나지 않음을 익히 잘 알고 있기 때문이다. 신세기가 열리는 2000년에서부터 새로운 10년을 거치기까지 지난 11년 동안 과연 "우리는 행복했을까"라는 물음을 받았다면 그렇다고 대답하는 민초는 얼마나 될까?

2011년을 풍미한 월가의 시위에서 우리를 슬프게 했던 구호 '우리는 99%다(We are 99%)'야말로 행복자는 세계인구의 1% 내외라는 역설적 내용을 그대로 품고 있다. 1%에 들지 못한 민초라고 해도 행복을 노래하지 말라는 법은 없다. 행복은 가진 자만의 전용물이 아니다. 다시 "당신은 과연 지금 행복하십니까?"를 질문 받았다면 그렇다고 대답하는 민초가 되기 위해서 새해 첫날 해돋이 행사를 통해 기원하고 소망한 내용을 숙지해 이를 보듬고 나간다면 그게 바로 행복자의 대열에 동참하는 지름길이 될 수 있다. 어렵게 생각하기보다 마음가짐을 통해 실천하는 주인공이 되어야 한다는 미션을 강하게 품으면서……

그러나 그게 말처럼 쉽지는 않을 터다. 이미 전 세계 민초들에게는 빈부의 양극화를 비롯하여 소득의 양극화와 고용의 양극화에서 갈등의 증오와 원망이 이미 노출된 상태다. 그러니 '국가는 개인(또는 민초)의 가난을 도와주지 못한다'는 바이블을 되뇌고 명심해 '자신에 투자하는 일'에서 그 가난의 고리를 풀어야 한다. 이게 바로 '개인의 행복방정식' 제1조 제1항이다.

행복한 민초가 되기 위해서는 개인 투자와 함께 두 가지 목표가 있음에 유의해야 한다. 하나는 우리의 미래를 담보할 젊은이들은 '플레이어'가 되는 일부터 챙겨야 한다는 것이다. 단, 굳이 슈퍼 멀티 플레이어가 되는 수준까지 욕심을 부린다면 사치이고 부질없는 욕심이다. 다른 하나는 나와 같은 7호선 승객은 '유종(有終)의 미(美)'를 얻어내기 위해 자신을 정리할 필요가 있다. 가령 인생이모작(人生二毛作)에 성공하고 있더라도 유한한 생명의 진리에 순응하면서 자신을 정리한 가운데 가족구성원에게는 가능하면 걱정이나 부담이 되지 않도록 자신의 건강부터 잘 관리해야 한다. 더글러스 맥아더 장군이 남긴 교훈적 메시지인 "노병(老兵)은 결코 죽지 않는다. 다만 사라질 뿐이다"를 가슴 속 깊게 품고 이를 실천해 이승을 떠날 준비에 만전을 기해야 한다.

따라서 해가 돋는 일자산 잔디광장은 우리 모두의 생활과 미래를 아우르는 민초의 광장으로서 안성맞춤이다. 잔디광장에서는 매월 '강동 그린웨이(green way) 달리기 대회'가 열리고 있다. 처음에는 민초의 소통과 얼굴 익히기로 일부 위정자가 등장해 기념사를 갈음했었지만 지금은 자취를 감추었다. 달리기 대회가 제시하는 순수성에서 그들이 설 자리가 없어졌다. 지금과 같은 SNS(소셜 네트워크 서비스) 시대에서는 이게 네티즌에게 발각되면 플러스 대신 마이너스로 작용함을 알아차린 결과이리라. 행복을 이야기해서라도 이제부터 우리는 진정성과 함께 핵심적 가치를 얻어내는 실천력만이 자신의 장점이자 무기라는 점을 통해 새해 첫날을 여는 해돋이 의미와 가치를 만끽해야 할 것이다.

2. 미로(迷路)와 같은 골목에서 사는 모로코 페스 사람들

우리 민초의 삶은 일자산 광장에만 있는 것이 아니다. 오랜 역사와 생활의 질곡이 배인 곳에는 어디나 있기 마련이다. 그게 동양이건 서양이건 인간집단이 숨을 쉬고 생활을 영위하는 곳이면 어김없이 우리 민초의 숨소리를 들을 수 있기 때문에 저 낮고 낮은 광장은 항상 우리에게 로망이 된다. 비록 비좁은 골목길이라도……

타원형의 성벽도시 메디나

이슬람 문명이 고스란히 묻어 있는 모로코의 메디나(Medina)는 타원형의 성벽을 두른 이슬람 사회 고유의 도시구조를 말한다. 성내에는 모스크와 마드라사(종교학교)와 수크(시장), 그리고 미로와 같은 골목을 갖춘 그곳에 사는 무슬림 민초들이 삶의 터전을 이루고 있다. 여기에도 일상의 흔적은 여전하게 그 성내에서 역사가 이루어지는 '살아 있는 도시'로서 우리 민초의 맨얼굴이다.

모로코에는 이런 메디나가 둘 있다. 하나는 영화 <카사블랑카>를 떠올리게 하는 마라케시(Marrakech)와 내륙 깊숙하게 자리를 잡고 있는 페스(Fes)다. 페스는 14세기 메리니즈 왕조의 수도였다. 그러나 페스의 맨얼굴은 1200여 년을 거슬러 올라간다. 809년 도시가 건설될 당시 옛 삶의 원형을 그대로 간직하고 있는 도시로도 유명하다. 페스는 흔히 '시간이 멈춰버린 중세의 도시'로 유명하지만 이곳의 맨얼굴은 무슬림들의 삶이 1200여 년 동안 그대로 간직되어 현재형으로 내려오고 있다. 동시에 한순간도 멈추지 않고 치열하게 삶을 살아온 페스 민초들의 숨소리가 지금도 이어지고 있다.

1200년 전의 모습으로 미로(迷路)와 같은 골목에서 사는 페스 사람들

오늘날 페스는 신시가지와 구시가지로 나뉘어 있다. 마치 재스민 혁명의 발상지 튀니지 수도 튀니스처럼 말이다. 신시가지는 프랑스 식민지배 아래 프랑스인이 건설한 현대적 구역인 반면 '페스 알 발리'라는 이름의 구시가지는 중세에 건설된 아주 오래된 도시로 구분할 수 있다. 이러한 페스의 구시가지는 거미줄처럼 얽힌 좁은 골목이 무려 300km 이상 펼쳐져 미로를 이루고 있다. 이 안에는 모스크 코란 학교를 비롯하여 아랍 전통의 시장인 수크와 세계적으로 유명한 천연 염색장 등이 몰려 있다. 이곳 대부분의 건물들은 지난 9세기부터 14세기까지 지어졌고, 그 뒤 큰 변화가 없이 유지되는 그야말로 민초의 옛날과 지금이 공존하는 그런 골목 동네다.

우선 구시가지를 모두 조망할 수 있는 페스 성벽의 언덕에 오르면 안달루스 구역이 한눈에 들어온다. 스페인 안달루스에 살다 정치적 박해를 피해 지중해와 아프리카를 잇는 지브롤터 해협을 건너 이주한 사람들은 그들의 정체성을 유지하기 위해 페스에 안달루스를 만들었다. 안달루스 후예들은 이곳에다 자신들이 가진 모든 예술적 재능을 쏟아 부어 페스의 건축물들을 그리도 아름답게 장식하였다. 여기에 그치지 않고 이슬람교를 전파하기 위한 아랍인의 열정은 튀니지 카이로완을 떠나 이곳 페스로 향하게 했다. 페스의 카라윈 모스크는 북아프리카 이슬람 중심지로 만들었다.

특히 구시가지를 이루고 있는 300km 골목은 미로를 닮아서 안내인이 없으면 출구를 찾을 수 없는 대단한 골목길로도 유명하다. 우선 이 골목은 두 사람이 겨우 지날 정도로 좁다. 그리고 이 골목은 온갖 것들로 가득 차 있다. 무거운 짐을 실어 나르는 당나귀를 비롯하여 끊임없이 소리치는 상인들의 목소리와 가죽제품 상점들마다 풍기는 양가죽 냄새 등은 진한 민초들의 삶이 그대로 이어지고 있다. 또 골목 어디에서나 어김없이 들려오기 마련인 아이들의 코란을 읽는 목소리에다 예배시간을 알리는 모스크의 아잔 소리까지 보태서 바로 이슬람 중세 최고의 문명도시였던 페스의 옛 모습을 그대로 재연시키고 있다.

알리바바와 40인의 도적

페스 구시가지 골목마다 퍼져 나오는 가죽냄새를 따라가다 보면 갑자기 '알리바바와 40인의 도적'이 생각난다. 어릴 적 읽었던 그 책에서 도대체 이해할 수 없었던 것은 왜 도적 두목이 알리바바 집 대문에 점을 찍어놓아 알리바바가 눈치채게 했냐는 것이었다. 머릿속에 기억해서 밤에 몰래 습격하면 그만인데 말이다. 그러나 페스의 미로와 같은 골목길을 걷다 보면 이 의문은 금세 우스운 것이 되고 만다. 골목이 매우 좁은 데다 얽히고설킨 골목구조가 비슷한 형태여서 수

많은 집들은 대부분 같은 크기와 모양을 지녔다. 집들의 대문마저 생김새가 거의 동일하여 아무리 도적이라 해도 점을 찍은 그 집을 찾기가 어려운 것이 그냥 감지되었다.

하지만 우리에게 진정한 민초들의 삶이 묻힌 광장의 의미에서 모로코 페스는 두 가지 의미로 다가오고 있다. 하나는 전 세계에서 페스를 찾는 숱한 관광객들이 양가죽 냄새를 피하려 하면서도 중세부터 내려온 그 시대의 염색과정을 살피기 위해 어쩔 수 없이 흘리기 마련인 호기심의 눈물이다. 다른 하나는 너무나 아름다운 페스의 모습과 중세부터 현재까지 이어져온 페스 민초들의 진지한 삶에 감동하여 흘리는 눈물이다. 너무나 대조적인 이 눈물이 공존하는 고대 이슬람 도시 모로코의 페스가 우리에게 던진 화두는 아마 이런 것이 아닐까 싶다. 에코의 소설『장미의 이름』에서 읽었던 대로 북아프리카 이슬람 문명의 높은 수준에 서구 교회가 받은 충격처럼 비록 전근대적인 삶이라 해도 이를 오랫동안 보존한 그 힘의 밑바탕에는 우리 민초들에게 기쁨과 슬픔이 밀가루처럼 반죽된 일상이 있었기 때문일 것이다.

3. 감옥을 헐어서 만든 다리를 걸어 찾아 나선 콩코드 광장

민초들이 만들어낸 혁명의 역사는 그렇게 멀지 않다. 예부터 민초는 민초답게 군주에 속해서 군주의 명령과 지도력에서 살아가는 집단일 뿐이었다. 지난해 튀니지에서 발아(發芽)된 재스민혁명은 아랍의 봄으로 진행되어 올해부터는 아랍의 춘풍(春風)으로 발전해 결국 1400년 아랍 역사에 한 획을 긋는 대역사였다. 이 혁명적 사건에 직접적인 원인제공은 프랑스혁명에서 얻어낸 민초의 봉기가 직접적인 영향력을 끼쳤다. 올해로 223년 전인 1789년 7월 14일 바스티유 감옥의 함락으로 시작한 프랑스혁명은 혁명의 교과서라고 할 만큼 인류사가 겪었던 모든 민초들의 로망으로 자리한다. 사회 모든 계급의 원망과 소망을 남김없이 분출시키는 일에 그치지 않고 인간의 모든 얼굴을 백일하에 드러내는 장대한 드라마이기 때문이다.

감옥이 헐린 돌로 다리를 만들고 그 다리를 통해 이어지는 콩코드 광장
223년 전의 프랑스혁명은 우리 민초들에게 무엇일까? 무슨 의미로 받아들일 수 있을까? 아마도 봉건왕정을 민초의 힘으로 뒤엎어버리고 자유와 평등을 부르짖는 공화국 건설에 첫발을 내딛는 프랑스혁명은 가히 프랑스적이 된다. '사람은 나면서부터 자유이고 권리에서 평등하다'로 시작한 민초(또는 인간)와 시민의 권리선언은 223년 뒤 70억 지구촌 가족에게는 어떻게 이해되고 있을까?

이에 대한 대답 역시 프랑스가 낳은 영웅 나폴레옹의 어록에서 그 위대한 가치와 의미로서 길을 안내해준다. "무릇 혁명에는 두 가지 종류의 사람이 있다. 하나는 혁명을 만드는 사람이다. 또 다른 하나는 혁명으로 덕을 보는 사람이다." 지난 1989년 프랑스혁명 200주년을 치르면서 미테랑 대통령은 여기에 어록 하나를 추가시켰다. "프랑스혁명은 프랑스만을 근대국가로 전환시킨 것이 아니라 낡은 전체주의 유럽에 자유와 평등의 새 씨앗을 뿌린 역사적 사건이다. 그러므로 이 날은 우리뿐만 아니라 세계의 혁명 기념일이 된다."

결국 프랑스 국기에 새긴 세 가지 색깔은 자유와 평등과 박애를 각인시킨 프랑스만의 기념비적 메시지로 이해된다. 그래서 프랑스 파리를 찾는 길손마다 프랑스혁명의 발아지점인 바스티유 광장으로부터 국회의사당이 있는 콩코드 광장에 이르는 길에서 프랑스 근대사를 읊조리기 마련이다. 이 말은 프랑스혁명에서 나오는 수많은 사건들이 이 두 곳을 잇는 길을 무대로 하고 있음을 이야기하고 있기 때문이다. 이 이야기의 실체는 콩코드 광장과 국회의사당을 잇는 콩코드 다리에 그대로 남아 있다. 이 다리는 바스티유 감옥을 헐어 그 돌로 만든 다리이다. 감옥의 벽이 되어 민초들을 가두었던 돌들이 이제는 사람들을 건너게 해주는 다리로 변했다는 사실에도 프랑스혁명의 의미가 담겨 있다. 더욱이 콩코드 다리 아래로는 예나 지금이나 변함없이 센 강이 교각을 적시며 흘러가고 있고 그 센 강에는 수많은 관광객들이 수상버스로 파리를 구경하고 있다.

샹젤리제 거리를 점령한 외국 관광객

통상 파리하면 떠오르는 쇼핑의 거리 샹젤리제는 나폴레옹이 30년 동안의 공사기간을 통해 세웠다는 개선문에서 콩코드 광장까지 직선으로 이어지는 산책로다. 연말이면 크리스마스트리로 변하는 가로수가 2km쯤 길게 늘어져 있으며 노천카페와 고급 명품점이 밀집되어 있다. 이 길을 걷다가 민초들의 봉기로 시작된 프랑스혁명의 의미를 반추하면서 마음에 드는 카페에 들어가 차를 마시든가 세계 최고급 브랜드 매장을 둘러보는 재미에 빠지기 쉽다. 이름 하여 프랑스의 재발견 본말이다.

민초에 의한 프랑스혁명의 완수에 이어서 개성이 넘치는 문화와 예술의 도시 파리는 이제 외국 관광객들에게 점령당하고 있다. 혁명의 전리품을 이용해 민초들에게 먹고사는 일을 헌장(憲章)한 프랑스혁명은 매년 1,000만 명의 외국 관광객을 전 세계에서 불러들이고 있기 때문이다. 여기서 굳이 다름을 찾자면 서울 일자산 잔디광장은 일상의 만끽에서 건강과 달리기로 소통의 광장일 것이고, 모로코의 페스 골목길은 세계인을 보듬는 역사적 유물로서 기념비가 된다. 따라서 광장의 본말은 민초들에게 희망의 메시지로서, 내일의 삶을 향유하는 기념비적 광장으로서 우리 모두의 머리에 각인될 수 있다.

4. 포스트 카다피 시대를 준비하는 민초의 모크타르 거리

인류 역사의 증언은 희극(喜劇)을 동반한다. 희곡(戱曲)이 아닌 이 희극(喜劇)은 영광과 비극을 고르게 만끽시킨 역사의 교훈으로 이를 직언하고 있다. 독재자의 말로는 결국 이승을 등진 순간 민초의 저주와 질타로 초심과는 다르게 다분히 민초의 웃음거리가 되고 있다. 42년 철권정치를 집행하다 지난해 숨진 무아마르 카다피의 인생은 바로 그 대표적인 케이스다. 제2아랍의 춘풍(春風)을 맞고 있는 오늘의 리비아는 카다피 군대와 맞서 목숨을 던진 시민군들이 로켓포와 총을 국가에 반납하고 리비아 수도 트리폴리 상업 중심지구인 오마르 알 모크타르 거리를 매일 가득 메우고 있다. 예전의 녹색국기 대신 프랑스로부터 독립을 쟁취했을 당시의 삼색기를 나부끼면서…….

카다피 원수의 관저를 지키던 녹슨 탱크는 아이들의 놀이터로 변하고

응당 아랍의 춘풍하면 이집트 카이로혁명의 광장 타흐리르가 제격이겠지만 트리폴리 모크타르도 여기에 빠지지 않는다. 1980년 서울의 봄을 연상시키고 있는 이집트 군부의 속셈이 아직은 베일에 가려져 있지만 포스트 카다피 시대를 열고 있는 리비아는 2011년 2월의 모습으로 서서히 돌아가고 있다. 42년 철권정치를 위해 카다피는 리비아 주요도시에 광장을 만들지 못하게 막았다. 자신이 혁명을 통해 정권을 잡은 경험이 있었기 때문에 트리폴리에는 대중교통 수단인 버스마저 다니지 못하게 했고 소형 자동차로 대신하게 했다. 혹시 만에 하나 일어날 민초의 봉기를 미리 막기 위한 선제적 조치였다. 그래서 트리폴리 민초들은 이제 하고 싶은 말을 자유롭게 할 수 있다는 사실에 감동하고 있다.

이를 증명하듯 2012년 이른 봄의 모크타르 거리에는 카다피가 교수형을 당하는 그림이라든가 카다피 얼굴에 쥐를 그려서 넣은 포스터로 도배되어 있다. 카다피의 요새이자 관저였던 바브 알아지지아 근처에 있는 전(前) 정부의 관저 벽에도 낙서가 가득했다. '2011년 2월 17일을 기억해야 한다'라든가 '자유 리비아 만세' 등이 쓰여 있었다. 2월 17일은 리비아혁명이 시작된 날이다. 폐허로 변한 대통령 관저 부근에는 관저를 구경 나온 어린이들이 각종 낙서로 뒤덮인 탱크와 장갑차에 올라가서 뛰놀고 있다. 이를 지켜본 민초들은 이게 사실인가 꿈인가를 가늠하기 위해 자유와 민주주의 기대에 대한 각오를 다시 다지기 시작했다. 모크타르 거리의 벽면을 뒤덮은 낙서를 보면서 리비아 민초들이 얼마나 오랫동안 자유를 갈망했었는지 알 수 있다. 이 거리의 낙서에서 백미는 '공포와 굶주림과 고통으로부터 자유 (Freedom from Fear, Hunger, Pain)' 등이다.

실제로 카다피 체제에서 민초들은 문화와 스포츠를 즐길 수 없었다. 카다피는 1975년에 발간한 『그린북』에서 "스포츠는 기도와 같다. 사람들이 기도하는 모습을 보기 위해 사원에 가지 않는 것처럼 스포

츠를 직접 하지 않고 보기 위해 경기장을 가는 것은 비합리적이다"라
면서 스포츠를 금지시켰기 때문이다. 카다피는 줄곧 "660만 리비아
국민이 자기한테만 집중해야 한다"고 생각한 것이다. 그래서 영화관
이나 극장을 짓는 것도 법으로 금하고 있었다. 리비아 민초들은 지난
해 성탄전야인 12월 24일 제60회 독립기념일을 다시 부활시켜 모크
타르 거리를 시점으로 전체 도시를 누볐다. 카다피는 국기를 바꾸는
것에 그치지 않고 자신이 젊은 시절 쿠데타로 리비아를 전복시킨 그
날을 혁명 기념일(9월 1일)로 정해 국경일로 지켰다.

리비아 민초들이 만끽한 민주주의와 자유

올해 들어 리비아는 하루 100만 배럴의 석유를 생산하고 있다.
2011년 2월 17일 리비아 내전이 돌발하기 직전에는 하루 160만 배럴
의 석유를 생산하였지만 오는 2013년에는 예전의 수준으로 돌아갈
것으로 석유수출국기구(OPEC)는 예단하고 있다. 카다피 정권의 몰락
과 함께 모든 규제와 제재가 풀리면서 리비아 재건 움직임이 활발하
게 진행되고 있다. 이를 지켜본 서방 외신들의 한결같은 전망은 "석
유생산도 본 궤도에 올라가고 있어 시간을 다소 걸리겠지만 미래는
밝다"는 것이다. 리비아 민초들은 스스로 시민군에 되어서 서방국가
에 대한 무기와 전투력 지원까지 얻어낸 역사적 교훈을 하나 만든 셈
이다.

오디세이 새벽과 정의로운 전쟁론의 간극 메우기

카다피 정부군과 맨손으로 맞선 리비아 민초들은 서방 국가에 대
한 무기와 전투력 지원은 결국 나토군의 리비아 참전의 명분을 주게

되었다.

　2011년 3월 19일 나토군은 카다피 군부를 무력화시키기 위해 오디세이 새벽(Odyssey Dawn)을 감행했다. 이날 지중해에 배치된 미국과 영국의 잠수함과 수상함은 리비아를 향해 토마호크 미사일 124발을 발사했다. 서방 외신에 의해 자세하게 밝혀진 내용이지만 오디세이 새벽은 현재전의 서막이고 요체였다. 오디세이 새벽의 작전은 지중해에 집결된 25척의 나토군 함정과 나토군 공군력이 주도권을 장악하여 수행한 전쟁이기 때문이다. 이 전쟁에서 영국과 프랑스가 주축이 된 나토군 함정들은 일차적으로 리비아 방공망을 무력화하여 원활한 공중작전이 가능하도록 하고, 나아가 집결 중인 항공전력과 협력하여 적의 전의를 말살시킨 공격을 일사불란하게 수행하였다. 그러한 가운데에서도 당시 암르 무사 아랍연맹 사무총장은 "유엔 결의안 1973호에 의거한 군사개입의 목적을 두고 있다고 해도 시민들을 보호하는 데 만전이 최선이다"라고 밝혔기에 오디세이 새벽은 '정의로운 전쟁론'으로서 그 가치를 인정받고 있다.

　녹슨 탱크에 올라타고 노는 리비아 아이들과 자유를 만끽하고 있는 리비아 민초들 사이를 관계설정으로 풀어보면 이는 낮고 낮은 광장에 우리가 서 있는 이유가 될 것이다.

5. 1%의 탐욕을 성토한 99% 민초의 고향 맨해튼 주코티 공원

　저 낮고 낮은 광장에 우리가 서 있는 이유는 크게 세 가지이다. 하나는 프랑스 삼색 국기의 의미처럼 자유와 평화와 박애를 바탕 삼아 민초의 목소리를 아무 거리낌없이 토해 내고자 함이다. 둘은 나와 같은 민초들이 광장에 서서 자신의 목소리를 내는 다른 민초의 얘기를 귀담아서 들어주기 위해서다. 마지막 셋은 나와 너의 생각이 일치할 때 우리 민초들의 목소리에 섞어서 행동에 직접 동참하기 위해서다. 이를 위해 굳이 일자산 잔디광장이라든가 파리의 콩코드 광장에 갈 필요는 없다. 바로 앞에서 소개한 트리폴리의 모크타르 거리도 좋다. 그것도 아니라면 도시의 공원도 좋다. 예를 들면 전 세계를 강타한 글로벌 금융위기 이후 바이러스처럼 번지기 시작한 주코티 공원이면 제격이다. 70억 지구촌 가족마다 가슴에 묻고 살았던 민초들의 원한 (怨恨)과 애환(哀歡)을 고스란히 드러내고 있는 주코티 공원에서 그들과 함께 말을 섞으면 되기 때문이다.

Occupy Wall Street

지난해 9월 17일 '월가를 점령하라(Occupy Wall Street)'는 슬로건으로 시작된 월가의 시위는 미완성으로 끝났다. 하지만 올해 11월 미국 대선에서 분노의 99%가 1%에 대한 역습을 노린다. 지난해 11월 주요시위 거점을 공권력에 내주고 동력을 잃은 듯했던 월가 시위대가 올해는 한 단계 높은 '버전 2.0'으로 도약을 모색하고 있어서 민초의 목소리는 개막에 따른 숨 고르기로 시작될 것이다. 이를 두고 러시아의 24시간 영어방송 채널인 RT는 '아랍의 봄'에 빗대어 이를 '미국의 가을'이라고 명명했다.

맨해튼 남단 주코티 공원에 모인 민초들은 금융권의 탐욕을 규탄하며 금융회사만 배불리고 뉴욕 시민들을 거리로 내모는 미국 자본주의 현실을 맹비난했다. 이들은 데모를 통해 주코티 공원에 모여서 "미국 월가의 최고경영자(CEO)는 수백만 달러의 급여와 상여금을 긁어모으면서 매달 수천 명의 종업원을 해고하고 있다"면서 "이를 계속 두고 볼 수 없다"는 분노를 터뜨렸다. 특히 대형 은행들이 2008년 금융위기 이후 주택담보대출을 갚지 못한 대출자를 대상으로 주택 압류를 강화하면서 서민(민초의 다른 표현)들을 길가로 내몰고 있다는 것이 그들의 주장이다. 1% 소수의 연봉은 99%의 민초들에 고통과 가난에 의한 반대급부로 월가의 탐욕자에게 돌아갔다. 그래서 민초들이 일어났고 그들이 외친 슬로건이 바로 '점령하라'였다.

처음 월가 시위는 농담처럼 받아들였다. 그러나 시위 3주째 데이비든 패터슨 전 뉴욕 주지사에 이어 노동조합원들도 시위에 가담하면서 데모는 확장일로로 치닫고 미국 주요 도시로 번져갔다. 그 동력은 월가 시위자들의 눈부신 인터넷 기술과 인상적인 시스템이었다. 시위대가 만든 웹사이트는 세계 곳곳의 지지자들과 시위대원들을 연결해주었다.

국민의 세금으로 가까스로 살아난 은행들이 이제는 긴급구제를 펴고 있는데 어느 누가 감내할 수 있었을까? 더욱이 미국인의 최상위 1%가 하위 99%보다 훨씬 많은 순자산을 소유하고 있다는 사실에 분노는 극에 달했다. 결국 자본주의 4.0이 필요함에 의해 전 세계인은 주코티 공원 시위대의 분노에 촉각을 세우게 만들고 있다.

주도세력은 없지만 더 강해진 결속력

월가 시위의 발단은 캐나다였다. 반(反)기업, 반(反)자본주의를 외치는 캐나다 매거진 『애드버스터(Adbusters)』는 지난해 8월부터 블로그 등 SNS 매체를 통해 "전 세계를 휩쓸고 있는 시위에 왜 미국은 침묵하고 있나"라는 질문을 던졌다. 여기에 그치지 않고 '9월 17일 월가를 점령할 자'라며 도발적인 게시물을 올렸다. 여기에 답한 단체는 스페인 마드리드 학생시위에 감동을 받았다는 '총회(General Assembly)'였다. 그렇게 해서 시작한 뉴욕 월가의 시위대는 주코티 공원을 점령하면서 1차적으로 뱅크오브아메리카(BOA)로 향했다. 2011년 11월부터 직불카드 사용자에게 매달 5달러의 수수료를 부가하기로 결정했다는 소식이 알려지면서 휘발유에 불을 붙이는 격이 되었다. 미국에서 직불카드는 신용카드를 발급받기에는 신용등급이 너무 낮은 민초들이 주로 사용하고 있다. 반복하지만 오는 11월 미국 대통령 선거과정에서 월가의 시위대는 99%의 기치 아래 뭉친 '리더가 없는 공룡'은 더욱 공격적인 전술에 의해 직접적인 파급 효과를 일으키는 행동을 보일 것이 예단된다.

이들의 요구는 미국 금융업계 규제강화와 조세제도 개혁 등에 맞춰지고 있다. 대표적인 것이 모든 금융거래에 1%의 세금을 물리는 '로빈후드세'의 도입이다. 21세기형 로빈후드세는 모든 금융거래 및 통화거래에 1%의 세금을 부과해 개도국 원조에 사용하자는 미국 금융정책 가운데 하나다.

이 책 제1장은 저 낮고 낮은 광장에서의 우리 민초들이 어떻게 무엇을 누구에게 요구하는 장소로서 광장(廣場)을 패러디했다. 광장하면 중국 베이징의 천안문 광장을 비롯하여 뉴욕의 타임스퀘어 광장 등이 어김없이 등장해야만 그 가치와 그 의미와 그 외침의 내용까지 현실감이 있음을 어찌 모르겠는가? 하지만 이 책의 메인 콘셉트가 '너무나 고마운 재발견의 이야기'임을 다시 기억해보면 일자산 잔디 광장과 모로코의 페스 골목길과 파리의 콩코드 광장으로도 족하다. 그러나 이 세 곳에만 민초가 있는 것은 아니다. 리비아 트리폴리와 월가의 주코티 공원에도 그들은 지금 이 시간에도 외치고 있다. "저 낮고 낮은 광장에 우리가 서 있는 것은 더불어 살아가는 세상을 만들기 위한 그 이상도 그 이하도 아니다"라는 점을 크게 강조하면서……

1. 중세시대를 재현한 스페인 팔스를 가다

이 책 제2장은 느림의 미학(美學)이 존재하는 세계의 순례다. 분명 여기에도 우리 민초들이 영위하는 삶의 도식(또는 삶의 방정식)을 찾아 나서는 순례자만이 만끽할 수 있는 수준의 느림에서 얻어낸 안락과 평화가 도사리고 있다. 예컨대 글로벌 칼럼니스트의 눈 낮이 악수와 만남을 위해 성지순례자처럼 그 느림의 미학을 찾는 일은 곧 구도자의 길과 같다. 이것 역시 광장에서 마주친 민초의 외침과 함께 동행에 의해 얻어낸 구도자의 호사다.

특히 지하철 6호선 승객에서 7호선 승객이 되면서부터 부쩍 스스로 다짐하는 유종의 미를 완수하기 위해서는 나이가 들수록 자연을 찾게 돼 있다는 사실을 깨닫는다. 나이가 들면서부터 때가 묻지 않은 자연과 자신의 과거가 도사린 고향을 찾게 됨이 빈말이 아니다. 그렇다면 느림의 미학이 강하게 각인된 스페인의 한 소읍을 찾아가보자.

중세시대를 재현한 그곳 팔스

여행 가이드북에는 느림의 미학을 주제로 슬로타운을 형성한 소개가 많다. 유럽의 슬로타운은 인공적으로 구축된 대도시와 다르게 산천과 초목이 빚어낸 시골 마을과 시골 길을 연상하면 된다. 잠시나마 일상을 잃고 여행을 떠나는 길손을 위해 가이드북을 펼쳤다면 슬로타운은 나와 같은 노년이 스스로 여유의 만끽에 취하게끔 하는 호사가 주목적이다. 유럽의 슬로타운은 수백 년 동안 유지해온 문화유산을 지키고 자연환경을 그대로 보전함으로써 새로운 성장동력을 찾는게 특징이다. 이들 슬로타운은 순례자의 편의를 위한 숙박시설이나 패스트푸드 체인점 입주를 단호하게 거부한다. 대신 역사적인 전통과 지역적인 특색을 살리는 데 주안점을 둔다. 동시에 주거와 생활방식까지 모두 옛날부터 유지해온 것만 고집한다. 프랑스 국경과 맞닿아 있는 스페인 팔스는 로마시대의 유적을 비롯하여 300~400년 전에 지어진 옛 건물들이 거의 옛날 모습 그대로 보전되어 있다. 1990년대의 팔스는 사람들이 떠나는 죽어가는 도시였다. 옛날 집들은 사람들이 떠나 거의 모두 폐허가 되었다. 그래도 이런 슬로타운을 찾는 이유는 중세시대를 재현한 그곳에서 시간과 순례자들이 쉬어가는 데 아무런 불편이 없다는 데 있다. 지친 몸과 여행의 끝자락에 묻혀 있는 유적문화에서 일상을 털고 다시금 인생의 완수를 추스르기에 안성맞춤이기 때문이다. 그들은 안다. 민초들은 잘 알고 있다. 유럽의 슬로타운만이 가지기 마련인 옛날과 낡음을 사랑하고 그 속에서 과거의 삶을 즐길 수 있다는 기대감, 이를테면 슬로타운의 본모습이 지향하는 그 자체를 말이다. 팔스는 중세시대를 재현하고 있을 뿐인데 많은 사람들이 팔스를 찾고 사랑하는 이유는 느리게 살기를 내세운 '치타슬로(Cittaslow)' 운동이 주는 느림의 미학이 있기 때문이다. 과거를 거슬러 가보면 '느림'이라는 화두는 1990년대 세계인의 마음에 동감을 지폈다. 바로 슬로타운 운동이다. 물론 슬로시티의 개념이 여기에서 비롯된다.

자연 속에서 느리게 살기

슬로시티 운동은 1999년 이탈리아 피렌체 남쪽에 위치한 그레베 인 키안티(Greve in Chianti) 등 이탈리아 4개 소읍에서 시작되었다. 이탈리아에서 2010년 기준 슬로시티 운동에 참여한 슬로타운은 이제 13년을 거치면서 66개소로 늘어났다. '자연 속에서 느리게 살자'는 캐치프레이즈를 앞세운 슬로시티 운동은 이탈리아 오르비에토를 닮아 전 세계로 확산되었다. 슬로시티는 '유유자적한 소읍와 풍요로운 마을'이라는 의미의 이탈리아어 '차타슬로'의 영어식 표현이다. 지역정체성을 찾고 지역민의 삶의 질을 높일 수 있는 동시에 급변하는 도시인에게 마음의 고향을 느낄 수 있게끔 만드는 마을공동체의 새 이름이다.

우선 마을을 등에 지고 가는 달팽이 상징이 그렇다. 느릿느릿하게 기어가는 달팽이가 트레이드마크가 되었다. 한결같이 자연생태계 보호를 비롯하여 전통문화의 보존과 지역음식의 보전을 지향한다. 빠르게 변화하며 살아가는 도시인의 삶과 반대되는 개념으로서 자연환경 속에서 보존 그대로의 자연을 느끼며 그 마을의 먹을거리와 지역의 독특한 문화를 경험하고 살아가는 삶을 표방하기도 한다.

유럽의 새로운 여행문화의 한 조류로 등장하고 있는 슬로시티 운동이 각기 다른 연령층과 각기 다른 세대들에게 환영을 받은 직접적인 동인은 느림의 미학을 만날 수 있다는 기대감 때문이다. 나와 같은 지하철 7호선 승객에게는 일상의 탈피와 인생의 완수 사이에서 가진 마음의 호화스러움에 더 기대를 걸고 찾아 나선 경우가 많다. 우선 달팽이가 기어가듯 느릿느릿, 그리고 뚜벅뚜벅 한 걸음씩 순례자의 걸음으로 낙조의 자연을 바로 보고 '지는 해의 신분'에 긍지와 후회를 동시에 풀기 위해서다. 그들은 이를 두고 진정한 느림의 미학, 또는 느림의 공부라고 여겨서 멀리 유럽까지 순례길로 슬로타운을 찾는다.

이러한 자기 투자는 자신이 살아왔던 지난 과거에 대한 성찰과 각오와 교훈이 혼합된 자기반성 위에서 빛이 난다. 자기 투자가 가능한 민초가 많으면 많을수록, 또 자연에 회귀하는 사람이 많아지면 지금의 세계는 더욱 밝고 보존의 가치가 알차게 영글 신세계가 될 수 있다. 그래서 스페인 팝스는 우리 민초들의 대(大)로망이 되고 있다.

2. 세계 최초의 슬로시티 이탈리아 오르비에토

　흥미만점이게도 슬로시티의 기원(起源)은 '슬로푸드(slow food)' 운동과 같은 맥락이다. 1986년 패스트푸드의 대명사인 맥도날드가 로마의 중심부인 스페인광장에 매장을 내자 이탈리아 사람들은 큰 충격을 받았다. 전통음식에 다한 자부심이 강한 이탈리아 사람들은 곳곳에서 고유의 음식을 지키려는 모임을 만들고 슬로푸드 캠페인을 벌였다.

슬로시티의 고향 이탈리아 오르비에토의 초대

　슬로푸드 캠페인의 출생국가인 이탈리아 수도 로마에서 자동차로 1시간 남짓한 거리의 오르비에토는 슬로시티 운동에 대한 기원과 발전과정을 살펴보는 재미가 일품이다. 해발 195m의 바위산에 위치한 오르비에토는 우선 자동차로 접근할 수 없다. 케이블카나 협궤기차를 타야만 한다. 얼핏 보면 매우 불편해 보이지만 연간 200만 명의 관광객과 순례자들이 오르비에토를 찾는다. 그렇게 유명세를 타는 이유는 오르비에토에는 슬로시티 국제연맹본부가 있어서다. 그래서 오르비에토 사람들은 이 슬로타운에 대한 자부심과 자랑을 은근하게 즐기기도 한다. 물론 슬로시티타운 슬로라이프 스타일에서 얻은 자긍심일 터다.

이 자긍심은 슬로시티의 목적이 되는 5가지에 압축되어 있다. 하나, 철저한 자연생태계의 보호이다. 둘, 전통문화에 대한 자부심 고취이다. 셋, 천천히 만들어진 슬로푸드 농법의 보존이다. 넷, 지역특산물과 지역공산품 지키기에 만전을 기한 일이다. 마지막 다섯, 지역민이 주도하는 지방의 세계화(glocalization) 등이다.

그렇다면 이름 없고 천박한 오르비에토가 이렇게 세계인에게 유명세를 얻고 슬로시티 국제본부까지 유치한 배경은 무엇일까? 슬로시티 전략에 성공한 원동력은 다음 네 가지로 정리할 수 있다.

첫째는 환경변화에 대한 민첩한 대응이다. 우선 글로벌 패스트푸드 메이커들이 속속 몰려오자 농업 위주의 오르비에토 경제는 위기를 맞게 된다. 이 상황에서 슬로푸드 트렌드를 포착하고 이를 슬로시티라는 라이프스타일 콘셉트로 확산시킨 게 주효했다.

둘째는 다른 슬로시티 지향의 마을과의 연대지향이다. 인구 2만 명의 소읍 규모인 오르비에토의 노력만으로는 새로운 라이프스타일을 널리 전파하기 어렵다. 따라서 오르비에토는 제반 환경과 지향점이 비슷한 인근 도시와 연대해 새로운 브랜드를 만들었다.

셋째는 슬로시티 요건을 규정한 인증제도를 마련하고 이를 세계표준으로 확정시킨 일이다. 지금도 세계 각국의 도시들이 슬로시티 인증을 받으려면 슬로시티국제연맹의 까다로운 평가를 통과해야 한다. 모두 24개 항목을 심사하는데 특히 5개 핵심 항목을 집중 검토한다. 이를테면 '인구는 5만 명보다 적어야 한다', '지연과 전통산업을 잘 보존해야 한다', '친환경농법으로 재배하는 지역특산품이 있어야 한다', '패스트푸드 가게와 대형 슈퍼마켓도 없어야 한다' 등이다.

넷째는 슬로시티국제연맹을 창립시킨 저력으로 슬로시티라는 도시 브랜드 이미지를 만들었다는 것이다. 특정 분야의 허브가 되려면 관련 분야의 대학과 국제기구, 그리고 관련 기업이나 단체의 지역본부 등을 유치해야 한다. 오르비에토가 슬로시티국제연맹 본부부터 창립시킨 이유다. 결국 느림의 미학에 의한 순례자에게 오르비에토가 어김없이 소개된 배경에는 그 발전과정 하나하나가 살아 있는 유기체로서 느림의 경제와 일치하고 있다.

3. 중세시대의 영국 시골 마을 코츠월즈

느림의 미학과 느림의 완성을 제시하는 현장 안내는 영국의 시골을 배제하고는 재발견 이야기에서 함량미달이나 마찬가지이다. 엘리자베스 헐리와 케이투 모스 등 영국의 신사들은 지난 10년 전부터 런던과 같은 도시생활이 싫다고 박차고 나와 느림의 마을을 만들었다. 영국 중서부의 코츠월즈[Cotswolds-洋(cot)+高原(wold)]는 런던 패딩 역에서 기차로 북쪽을 향해 2시간 남짓 달리다 보면 첼트넘(Cheltenham) 지역 스파 역에 닿는다. 알싸한 풀내음과 소똥 냄새가 뒤범벅되어 안개와 매연에 무뎌진 후각에 상쾌함을 더한다. 영국에도 이런 곳이 존재한다는 게 믿기지 않을 정도다.

영국을 대표하는 시골 코츠월즈

우선 코츠월즈는 자연은 산업화의 반작용으로 재발견(再發見) 이야기를 쓰게 했다. 중세 때 코츠월즈는 가내수공업 형태의 양모산업을 기반으로 영국 내에서도 부유한 지역으로 손꼽혔다. 하지만 산업혁명으로 기계식 대량생산이 시작되면서 급격한 쇠퇴기를 맞았다. 돈줄이

마르자 이 마을은 황폐해졌다. 쇠퇴일로를 걷던 코츠월즈로 사람이 다시 모이기 시작한 것은 19세기 후반 산업화에 반기를 든 미술공예가 싹트기 시작하면서부터다. 미술공예 운동을 이끈 공예가이자 시인인 윌리엄 모리스는 산업화의 물결이 미치지 못한 코츠월즈를 본거지로 삼았다. 코츠월즈는 이렇게 재발견의 수순을 밟아 이제는 영국 시골 마을의 전형이 된 보턴온더워터(Bourton-on-the-Water)와 테트버리(Tetbury) 등을 만들어냈다.

보턴온더워터는 작은 규모의 개울이 흐르는 동네다. 그래도 그들 마을 사람은 '코츠월즈 베네치아'로 부르길 더 좋아한다. 왜냐하면 느림과 전원, 자연과 아기자기함에서 베네치아를 능가한다고 자평(?)한 까닭이다. 그 여유가 애교스럽다.

반면 테트버리는 유기농기법에 의한 당근농사가 주산품이다. 주산품이라고 해서 현대식 슈퍼마켓이 있다고 생각하면 큰 오판이다. 몇 개 안 되는 가게는 한결같이 낡은 문이 달린 시골농장의 창고로 보면 된다. 특히 이 테트버리에는 1980년 초반 낙향한 찰스 황태자가 문을 연 가게 '베지 셰드(The Veg Shed)'에서 직접 당근을 팔고 있다. 이 가게를 찾는 길손마다 느림의 미학과 느림의 완수에 대한 재발견의 진수를 덤으로 안겨주기도 한다. 찰스 황태자는 1980년대 초반 테트버리에 있는 대저택 '하이그로브(Highgrove)'를 사들여 당근농장과 드넓은 정원을 꾸미면서 친환경 유기농을 실천하고 있다. 테트버리에서는 고부가가치 수단으로 여겨지는 유기농이 노블레스 오블리주의 도구로 승화되고 있는 셈이다.

포르투갈 실브스는 테트버리의 확대판

포르투갈의 남쪽 해안과 맞닿은 알가르베지역의 소읍 실브스 (Silves)는 유럽 중세의 모습을 그대로 유지하고 있다. 아직도 중세의 역사를 지닌 성곽들이 고스란히 남아 있다. 그래서 매년 8월 중순에 는 'Feira Medieval(중세시대의 축제)'가 열린다. 우선 12세기 무어인 의 요새(要塞)로 쓰였다는 성곽까지 가는 길은 만만치 않다. 가파른 비탈길을 꼬박 20분 걸어서 올라가야 한다. 성곽까지 넓은 도로를 내 고 가까운 곳에 주차장을 만들 법한데 원형 보존을 이유로 그렇게 하 지 않고 있다.

성 안에 들어가면 중세 당시의 모습이 그대로 드러나 있다. 중세에 흔히 쓰였다는 볏짚으로 만든 의자와 투박한 나무탁자가 전부다. 이 렇게 중세시대를 드러내고 있었지만 실브스를 찾는 구도자(순례자의 다른 이름)가 꾸준하게 늘고 있다. 관광대국 스페인을 찾는 길에 자 연스럽게 포르투갈 실브스를 찾는 길을 포함시킨 것도 한 이유가 될 것이다. 실브스는 중세와 성곽과 축제만을 팔고 있다. 결론적으로 영 국의 시골 마을 코츠월즈와 포르투갈 실브스가 추구하는 느림의 미 학은 오늘날과 같은 스마트폰 시대에도 도시인이 스스로 만들어낸 매연과 혼탁에 찌든 일상으로부터 탈출할 수 있는 탈출구가 된다. 따 라서 느림의 미학을 파는 것과 일상의 탈출은 같은 함수와 의미로 이 해될 수 있다. 이에 대한 재발견이 추구하는 지향점도 오십보백보다. 철로의 두 갈래의 레일처럼 욕망과 출세욕에 의한 부단함을 고집하 는 도시인에게 없는 그 느림의 미학을 재발견함으로써 삶의 지혜를 쌓을 수 있다.

4. 나, 여기 있소! 장성 슬로로드 금곡마을

슬로시티국제연맹이 인증한 한국 슬로시티는 여러 곳에 산재하고 있다. 신안군 증도면을 비롯하여 완도군 청산면 등이다. 하지만 느림의 미학이 주는 데가 어찌 여기뿐일까? 옛날부터 한국을 삼수강산이라고 불렀다. 슬로타운으로 의미를 축소하면 장성 금곡마을은 최상급이다. 왜냐하면 고요함이 머무는 숲에는 편백나무가 무성하게 잘 자라서 장장 2.9km의 슬로로드(slowroad)라는 건강 숲길이 나 있어서다. 그래서 장성 금곡마을을 자주 다닌 사람이라면 백에 백 사람이 이렇게 긍정을 보탠다. "아! 거기 맞아! 남도 장성 금곡마을이면 제격이지."

충령산을 감싸고 있는 편백나무

지난해 늦은 겨울, 장성의 충령산 산행에 오르면서 바라본 편백나무는 이마에 눈을 잔뜩 이고 있었다. 그래서 겨울 편백나무 숲은 고요하다. 우선 숲 속에 은은하고 향긋한 냄새가 가득했다. 이 편백나무에서 나는 향긋한 냄새는 피톤치드(나무가 내 품는 휘발성 향기)의 향이다. 건강 숲길 안내판에는 '편백나무에서 나는 향기는 곧 피톤치드에 의한 효능 때문이며 이는 식물이 병원균이나 해충을 막기 위한 냄새의 일종이다'라고 적혀 있었다. 나중에 안 일이지만 피톤치드는 '식물'이라는 뜻의 피톤(phyton)과 '죽이다'라는 뜻의 '사이드(cide)'가 합쳐진 말이라고 한다.

피톤치드는 1943년 러시아 출신의 세균학자 왁스먼에 의해 처음 밝혀졌다고 한다. 피톤치드는 사람에게 무척 이롭다. 숲 속에서 기분이 좋아지는 것도 피톤치드의 덕분이다. 장성 금곡마을 사람들은 편백나무로 지은 집에는 모기와 파리 등 해충이 꼬이지 않는다는 점을 잘 알고 있다. 특히 장성의 충령산 일대의 편백나무 숲은 편백나무와 삼나무가 섞어 있어 그 운치와 효능은 일품이다.

장성 편백나무 숲을 만든 고마운 분

장성 금곡마을이 슬로로드로의 지정을 서두른 배경에는 느림의 미학에 일찍 눈을 뜬 그 고장 출신 농부부터 생각나게 한다. 평범한 농사꾼이었던 춘원 임종국(春園 林種國, 1915∼1976) 선생은 장성 금곡마을에서 편백나무의 아버지로 통했다. 그는 20년 동안 장성군 충령산 자락 569ha(170여 만 평)에 253만여 그루의 편백나무와 삼나무를 심었기 때문이다. 그가 이러한 일에 착안한 것은 우연과 밀접한 관계가 도사린다. 그러니까 지난 1956년 우연히 장성군 덕진리 야산에서 쭉쭉 자라고 있는 편백나무 숲을 보게 된다. 그것은 인촌 김성수 선생이 일제강점기에 일본에서 묘목을 가져다가 심은 것이었다. 임 선생은 이 숲을 보자마자 "바로 이것이다"라며 무릎을 쳤다. 그는 그해 봄 삼나무 묘목 5,000주의 시험재배에 성공하게 된다. 그리고 충령산 일대 헐벗은 땅 100ha를 사들여 그 묘목을 심기 시작했다. 금곡마을 사람들은 '먹고살 것도 없는 판에 저 사람 미친 것이 아니냐'면서 비아냥으로 일관했다. 춘원 임 선생은 그러거나 말거나 묵묵히 나무만 심을 뿐이었다.

장성군청 산림과 담당자가 알려준 사실은 더 가혹했다. 예를 들면 1968년과 1969년 2년에 걸쳐 큰 가뭄이 들었다. 나무들이 타 죽어갔다. 그들 가족은 물지게를 지고 비탈을 오르내리며 물을 주었다. 어깨가 피투성이가 되었다. 금곡마을 사람들은 그의 지극정성에 감동했다. 그의 뒤를 따라 물지게를 지기 시작했다. 이 정성에 의해 나무들은 하나씩 하나씩 다시 살아났다.

슬로로드는 그렇게 만들어졌다

그 후 임 선생은 점점 더 넓은 땅에 나무를 심었다. 하지만 가진 게 없었다. 처음에는 논과 밭을 팔았다. 나중에 살고 있는 집까지 팔아버렸다. 그리고 가족들과 산속에 움막을 치고 살았다. 1980년 임 선생은 뇌졸중으로 쓰러졌다. 그는 빈손이었다. 그가 심었던 나무들은 뿔뿔이 여러 사람에게 나뉘어 넘어갔다. 모든 임야가 채권단에게 넘어갔다. 1987년 그는 발병 7년 만에 한이 많은 이승을 등졌다. 다시 2002년 산림청은 개인 소유의 편백나무 숲 240ha를 사들였다. 임 선생이 심은 569ha 중 42%를 국유화한 것이다. 한국 정부는 그를 기리기 위해 국립수목원에 있는 '숲의 명예의 전당'에 모셨다. 나는 이런 이유 때문에 장성 금곡마을을 한국 슬로로드의 발상지로 꼽았다. 앞에서 소개한 슬로시티 오리비에토나 슬로타운 팔스와도 바꿀 수 없는 전설적 한국판 느림이 바로 이 장성 금곡마을 편백나무 숲길이다.

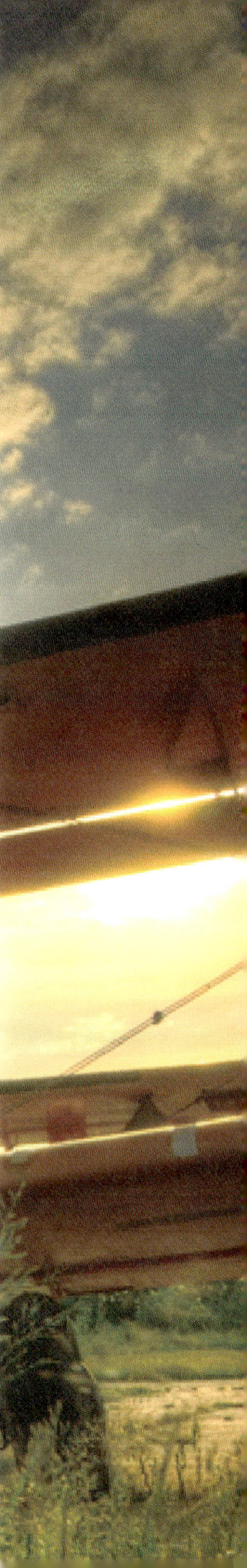

03
무늬만 종교, 종교다운 종교

1. 기독교와 이슬람이 공존하는 이스탄불의 아야소피아 대성당

　　나는 종교를 논할 자격이 없다. 감히 지고(至高)·지순(至純)·지대 (至大)한 신의 세계를 왈가왈부(曰可曰否)하는 일에서는 열외자이자 낙제자이다. 글로벌 칼럼니스트답게 글로벌 이슈와 글로벌 마켓 사이 를 반평생 동안 보내면서 애당초 천당이나 극락에 가는 것을 포기하 고 살아왔었기 때문이다. 돌이켜보면 30대 초에 광고계에 입문하여 60세 나이에 그 업계를 떠났다. 광고를 업으로 삼고 있는 회사에서, 그것도 한 회사에서 내리 21년을 근무한 골수 광고인이었다. 한국방 송광고공사가 실시한 카피라이터 과정의 제1회 이수자이기도 하다. 소비자의 라이프스타일과 글로벌 마켓 사이에서 광고 카피도 썼고 광고 콘셉트도 제안하는 일로 하루를 맞고 또 하루를 보냈다. 그래서 내가 믿는 조물주에게 천당에 가는 일은 포기했지만 대신 제게 내려 주신 달란트인 글쓰기의 달인이 되게끔 지혜와 자질을 주실 것을 기 도제목으로 삼고 살아왔다. 그렇게 해서 만든 책이 나의 광고 트레이드 마크가 된 『취(醉)해도 광고는 선다』와 『취(醉)해도 광고는 바로 간다』 등이다.

종교 역사의 희작(戱作) 아야소피아 대성당

지정학적으로 보스포루스 해협을 사이에 두고 한편에는 아시아를, 다른 한편에는 유럽을 껴안고 있는 곳인 터키 이스탄불의 역사지구에 자리를 잡고 있는 아야소피아 대성당은 종교의 합일이 그대로 녹아 있다. 자신이 믿는 종교가 최선이라는 기독교의 목사님이든, 알라만이 지상 최대의 신성이라는 이슬람 사도이든, 천라만상을 독야청청하신 부처의 자비를 믿고 있는 불자 등의 입장에서 보면 아야소피아 대성당의 신앙제시와 존재근거에는 별종(別種) 또는 별난 역사의 희작(戱作)에 속한다. 더욱이 아야소피아 대성당과 불과 300m 사이를 두고 우뚝 솟은 이슬람 사원 술탄 아메드 등을 보고 있으면 저절로 모든 종교사에서 기도처의 구분은 한낱 부질없는 목회자들의 자기 땅 지키기에 불과하다. 무늬만 종교이자 거의 모든 목회자들은 위선에 가까운 독선에 의한 성경과 코란의 해석으로 일관하고 있기 때문에 그 구분은 예나 지금이나 계속 지켜져 왔다. 그래서 아야소피아 대성당의 존재 이야기는 곧 종교의 재발견에 으뜸이 된다. 21세기 모바일 생태계를 통일시킨 스마트폰은 소통(疏通)에 의해서 그 위력을 달성했다. 그 소통은 개인뿐만 아니라 국가 간에도 이러한 협력이 갈수록 중요해진다. 소통에 있어서 가장 기본이 되는 것은 상대방에 대한 인정이다. 자신의 것에만 집착하는 배타성에서 벗어나 상대부터 인정하고 배려함으로써 개인과 개인, 국가와 국가, 더 나가서 종교와 종교 사이에도 진정한 교류가 이루어질 수 있어서다. 아야소피아는 자기와 다른 종교도, 다른 역사 문화도 모두 포용한 상징적 의미가 도사리고 있다. 아야소피아 대성당의 본래 목적물을 이슬람의 관용정신으로 승화시킨 건축물로서 존재 가치를 드러낸 셈이다. 아야소피아 대성당은 고대 로마에서 분열된 비잔틴제국의 황제 콘스탄티누스 2세에 의해 건립되었다. 1453년 오스만투르크의 침공으로 비잔틴제국은 멸망했다. 하지만 당시 술탄 마호메드 2세는 정복지에 대한 놀랄 만한 관용정책을 펼쳤다. 아야소피아의 아름다움에 매료된 술탄은 그저 자신들의 코란 문양을 기존 성화(聖畵)에 덧입혀 놓은 개조의 과정을 거친 뒤 그대로 무슬림 사원으로 사용할 것을 명했다. 비단 아야소피아뿐만 아니라 자신들의 지배하에 들어온 다양한 민족의 이교도에게도 약간의 세금을 걷은 후 종교와 관습을 그대로 유지하도록 배려했다. 이러한 타 민족의 종교와 문화와 관습에 대한 관용적인 이슬람 정책은 예부터 이스탄불과 아나톨리아 지방에서 다양한 종교와 다양한 민족이 함께 어우러지게끔 만들었다. 역사는 시간의 흐름에 따라 바뀌면서 1923년 그 위대한 오스만제국이 무너지자 터키의 건국 선조들은 덧입혔던 회반죽을 제거해 그들 이슬람 유산 못지않게 기독교 흔적도 소중하게 보호하여 오늘에 이르렀다. 결국 기독교와 이슬람이 공존하는 아야소피아 대성당을 둘러본 역사학자 아널드 토인비는 "아야소피아 대성당을 가리켜 인류 문명이 살아 있는 노천 박물관이다"라고 칭찬에 칭찬을 더한 바 있다.

다시 종교다운 종교를 향해서

기독교의 역사 2012년과 이슬람 역사 1400년은 기독교 교리와 무슬림의 교리인 코란을 통해 종교의 본질에 이르는 길이 되었다. 역사의 뒤안길로 사라진 수많은 기독교 신자와 이슬람 신자들이 믿고 의지하고 또 기도의 대상인 하나님과 알라는 과연 종교적 우월을 주장하지는 않았을 것이다. 우리가 믿는 예수님은 "자기를 믿어라"라고 말씀하지 않았다. 다만 "나를 따르라"라고 열두 제자들에게 권유했을 뿐이다. 반면 알라 역시 "자신의 계율을 믿어라"가 아닌 "자신의 믿음에서 배우라"고 말씀을 하여서 후세 무슬림들이 이를 이슬람 경전 (經典) 코란을 탄생시킨 것이다. 그래서 종교를 논할 자격의 함량 미달자인 내가 비록 글로벌 칼럼니스트 신분이라고 해도 인생 재발견의 이야기에서 종교를 하나의 테마로 상장(上場)시키는 것은 불경에 가깝다. 이를 자인한다. 물론 아무리 포장과 칭찬에 능한 나일지라도, 또 소비자 꼬이기에 달인이 되었다 해도 종교에 대한 소회(所懷)는 없지 않다. 여기에 대한 확증적인 종교와의 회우는 중동지역 도시국가 아부다비 온누리 교회에서 다시 만날 수 있다.

2. 국가 지도자의 강한 리더십을 기도하는 아부다비 온누리 교회

내가 아부다비 온누리 교회를 찾아간 흔적은 올해로부터 6년 전으로 거슬러 올라간다. 그러나 왜 내가 그 교회를 찾았고, 그 교회와의 인연을 계속하는지는 내가 믿는 조물주의 섭리(攝理)가 아니고서는 달리 해석할 길이 없다. 아부다비는 그 당시 내게 매우 낯선 도시였다. 한 번도 찾은 적이 없었거니와 이름 자체도 생소한 도시였다. 그런데도 어떤 인연의 끈에 이끌리듯 지인의 자동차에 편승해서 자의 반 타의반의 동행이었음을 먼저 밝혀둔다.

돌이켜보면 올해로 꼭 6년 전인 지난 2006년 7월은 섭씨 42도를 오르내리는 그야말로 염천지하의 날씨가 계속되고 있었다. 당시 나는 두바이국제공항 근처 알 가우드 지역의 한 게스트하우스에서 중동지역 시장조사차 여름방학 50일을 꼬박 살았다. 일주일도 아닌 50일 동안 그저 놀고먹으면서 아는 지인의 차에 끌려 알 가우드에서 자동차로 한 시간 반이 걸리는 아부다비를 우연하게 동행한 것이 내게는 아부다비 첫 방문길이 되었다. 그 지인은 고맙게도 자주 뉴욕 맨해튼 해안 도로와 비교되는 7km의 코니치 로드(Corniche Road)를 달려서 아부다비의 명품인 해안 길 낙조(落照)를 만끽시켜주었다. 저녁이 깊어지자 그는 한 가건물 앞에 차를 세웠다. 기억을 다시 더듬어 보니 그 지인 왈(曰) "여기는 아부다비 한국대사관 근처이다"라고 소개했었 던 듯하다. 그 가건물에서의 회우는 곧 극적이었고, 동시에 도시국가 아부다비와 나와의 인연이 시작된 곳으로서 오늘날까지 계속 이어지고 있다.

첫 방문길에서 찾았던 아부다비 한인교회

정확하게 2007년 4월 4일 금요일이었다. 그날 저녁 지인의 손에 끌려 들어간 곳이 바로 아부다비 한인교회였다. 마침 그날 아부다비 한인교회에서는 초대 김현중 장로님의 추대예배가 있었다. 간단한 다과를 곁들인 자리를 지키다 내가 그 교회에서 가지고 나온 것은 기념타월 한 장과 두 장의 주보였다. 그리고 50일 출장길을 마감하고 귀국길에 올랐고 동시에 시간과 세월은 흘러갔다. 그렇다 해도 귀중한 달러를 소진한 채 나의 시장조사는 '성과(成果)가 무(無)'였다. 나의 자존심에 크게 상처를 입었음은 물론이다.

이를 만회하듯 내가 펴낸 중동지역 첫 단행본인 『글로벌 브랜드 두바이』(2007년 2월 미래사 출간)는 상재(上梓)가 가능했다. 그 책의 출판으로 인해 출판사의 배려로 다시 알 가우드를 찾아 나선 것은 2007년 10월이었다. 중동지역 특유의 7월 날씨와는 다르게 10월 기후는 한국의 늦여름을 연상시켰다. 현지 에미리트들은 10월이 되면 소매가 긴 겨울 점퍼를 꺼내 입기 시작한다고 가르쳐주기도 했다. 그리고 게스트하우스의 투숙객 한 분은 내게 가능하면 두바이 대신 아부다비에 관한 시장조사와 연구를 권했다. 이유는 단 한 가지다. "지금 두바이에는 한국인이 3,000명 있지만 일본인은 고작 300명 수준이다.

대신 아부다비에는 일본인이 3,000명인데 한국인은 300명에 지나지 않는다"고 통계수치를 꺼내 아부다비 올인을 주문했다.

아부다비 인연을 통한 조물주의 섭리 체험

처음 시간강사로 출발한 대학교수 자리는 몸에 맞지 않는 옷을 입은 것처럼 한동안 방황했다. 비록 내가 전공한 '마케팅개론'을 가지고 만든 커리큘럼이었지만 한 한기 수강생 50명 채우기에 만족할 뿐이었다. 그래도 내가 30년 동안 전공한 분야이기도 했고, 이를 토대로 전문잡지에 10년간 '임은모 광고 칼럼'을 게재할 후광을 위해 겨우(?) 3년을 채웠다. 그리고 그 진행과정 사이에 다시 아부다비를 찾았다.

내 책을 읽고서 아부다비의 한 게스트하우스 사장으로부터 아부다비 방문을 권유받았다. 간단한 짐만 꾸려서 인천발 두바이행 에미레이트항공에 몸을 실었다. 그 당시에는 아시아항공이나 에티하드항공이 인천과 아부다비를 취항하기 전의 일이다. 달랑 전화번호만 들고 아부다비 버스터미널에 도착하여 게스트하우스를 전화로 찾았더니 웬걸 엊그제 한국에서 온 기자들이 들이닥쳐 만원사례라면서 다른 집을 대신 소개하면 어떠냐는 대답이 돌아왔다. 한참 동안 아연실색하지 않을 수 없었다.

그런 우여곡절 끝에 찾아간 곳이 바로 2007년 4월 아부다비 한인교회에서 이름만 들었던 김 장로님 댁이었다. 수인사가 끝나고 저녁을 먹으면서 나눈 이야기 끝자락에 동향인이라는 점과 당시 아부다비 교회의 현주소를 처음 듣게 되었다. 아부다비 체류 30년의 경력자답게 내가 궁금하고 또 알고 싶은 중동지역 비즈니스에 관한 해갈의 정보를 덤으로 얻게 되었다.

단행본 『아부다비의 힘』을 들고

그다음 해 나는 내게 두 번째의 중동지역 도서인 『아부다비의 힘』을 들고 김 장로님 댁을 방문하게 되었다. 내가 처음 아부다비 교회에서 받았던 한 장의 타월과 두 장의 주보 중 주보 한 장을 꺼내들고 혼자 아부다비를 찾아 나선 것이다. 그 배경에는 제일기획 아부다비 사무소에 근무한 광고 후배에 대한 배려가 은연중 작용하였음도 사실이다. 아부다비 도착 다음 날 내가 김 장로님께 진상(?)한 주보를 받아들면서 "이게 바로 주님의 섭리가 아닐까요?"로 요약해서 나의 아부다비 방문을 그렇게 정리하셨다. 중동지역 관련 도서 다섯 권을 채우자 한 지인은 인터넷 신문 브레이크 뉴스 문일섭 발행인을 소개시켜 주었고, 그 결과물로 '아부다비 통신'이 연재되었으며 또한 올해 1월 단행본으로 재탄생되었다.

국가 지도자의 강한 리더십을 기도하는 아부다비 온누리 교회

아바나 캄 나하구 누힙부카
나르파우 카 파우칼~ 끌리어
무바 락쿤 아르랍부 알라후나
알카인 왈~ 라디 야 티이
무바 락쿤 이르랍부 알라후나
말리쿤 아바디.
(사랑하는 나의 아버지 이름 높여 드립니다.
전능하신 하나님 찬양, 언제나 동일하신 주
전능하신 하나님 찬양 영원히 다스리네.)

지난해 6월 13일 아부다비 온누리 한인교회에서 거행된 글로벌 기도회 모임에서 내가 받았던 아랍어 찬송내용이다. 여기서 '무바 라쿤 이르랍부 알라후나'는 '전능하신 하나님'을 칭송하는 아랍어이다. 고작 '인 살라'는 '신의 가호'로만 알고 있는 나의 아랍어 수준은 더 이어질수록 빈약을 더할 뿐이다. 지금도 아랍어 실력은 유치원 수준이지만······.

아부다비 정부가 아부다비 거주 다문화가족을 위해 신축한 종교단체용 건물에서 올린 집회는 그야말로 은혜가 넘쳤다. 크게 두 가지 관점에서다. 하나는 글로벌 기도회 모임답게 한국인과 파키스탄인과 아랍인 등 세 민족이 함께 기타리스트의 반주에 따라 찬송가를 합창하는 모습에서 돋보인 은혜였다. 다른 하나는 세 나라 국민들에 의해 출석한 목회자들이 한결같이 아부다비 지도자의 강력한 국가 리더십을 위해 하는 기도가 경이롭게 비쳤다. 그때 내가 얻은 은혜는 '무늬만의 종교와 종교다운 종교'의 구분을 확실하게 각인시켜 준 점일 것이다.

3. 백색 궁전 같은 아부다비 그랜드 모스크

다시 반복한다. 나는 종교를 논할 자격이 없다. 따라서 1400년 이슬람 역사와 16억 인구의 무슬림에 대해서 알면 얼마나 알 것인가? 고작 안다는 것은 이슬람의 정체성의 으뜸은 '평화(平和)'와 '순종(順從)'이라는 점이다. 코란의 메시지 집합체가 세계 공통의 평화와 이를 통한 순종의 종교로서 이슬람의 교리로 압축되고 있음을 아는 정도에 불과했다. 이 두 가지 메시지를 가슴속에 지닌 채 찾아간 곳은 아부다비 국제공항에서 도심으로 들어서는 초입의 그랜드 모스크였다. 안내자의 설명에 의하면 그랜드 모스크는 규모 면에서 세계 다섯 번째라고 한다. 하지만 건설비용으로는 세계 수준이다. 건축비용 5억 4,000만 달러의 모스크답게 우선 옥으로 치장한 외벽과 내부의 웅장함은 내 옷자락부터 여미게 했다. 아름답게 수놓아진 대리석 바닥과 환상적인 벽과 가르는 카펫이 이슬람의 이방인을 압도한다. 이스탄불에 아야소피아 대성당이 있다면 아부다비에는 그랜드 모스크가 있는 셈이다.

초승달이 걸친 모스크 위로 아잔을 듣고

내가 2006년 처음 두바이국제공항 근처인 알 가우드의 게스트하우스 이층에서 새벽이면 어김없이 듣게 되는 아잔은 내게 새벽 조깅시간을 알려주는 알람시계였다. 운 좋게 새벽하늘에 초승달이 걸치면 그게 사막의 신기루가 되어 마음에서부터 종교다운 종교를 찾아 나서는 수많은 순례자의 마음까지 이를 일치시켰다. 그 연장선상에서 내가 믿고 자랐던 기독교적 신앙에 이슬람은 없었다. 전혀 없었다. 유년시절 주일학교 때부터 내가 듣고 배운 교리에서는 교회 이외의 종교는 사탄이고, 죄악의 집단이라는 가르침에 이미 중독되었기 때문이다.

오직 유일신 하나님과 예수님이 가르친 교리에 따라 성경 말씀대로 살면 천당은 가게 된다는 주일학교 교사의 말이 곧 바이블이자 진리였다. 도저히 이슬람이나 불교의 교리가 들어올 틈이 없었고 동시에 그게 아니면 죄를 범하는 일에 해당된다고 배웠다. 이교도와의 인정과 동화는 희망사항에 불과할 터다. 외벽이 백색으로 치장한 아부다비 그랜드 모스크를 참배하고 나서 난생처음 이슬람 경전 『코란』을 들춰 보았다.

이슬람 세계의 이해

특히 코란 7장 63절은 이슬람 세계를 이해시켜주는 데 주석이었다. 『이슬람 세계』(95쪽)에서 수록된 내용은 이렇게 시작되었다. "알라는 절대로 유일하며 타의 어떠한 동기라도 가지지 않는다." 이 의미는 코란에 거듭거듭 설명되고 있다. 우선 코란에 의하면 세계 어느 곳에 나타난 예언자도 '신의 유일신(唯一神)'으로 설명하고 있으며 다신교라고 하는 것은 후세에 도입된 것이라고 설파했다.

이슬람 문화의 진수

내가 그 책에서 읽고 얻어낸 이슬람 교리는 '이슬람의 다섯 기둥'이었다. 면(免) 무식이라는 허울을 잠시 차용해서 말이다. 그 책의 본문에서 강조한 대로 이슬람의 다섯 가지 기둥은 무슬림들에 삶의 핵심이라고 밝힌 대목이다. 예를 들면 신앙의 고백과 예배, 의무희사와 단식, 그리고 성지순례 등이다. 특히 의무적(義務的) 희사(喜事)에 관한 내용이다. 예컨대 이슬람의 최대 덕목이라는 의무적 희사에 관한 설명이 돋보였다. "모든 만물의 주인은 하나님이시며 재산은 인간에게 일시적으로 의탁된 것이다. 따라서 원하는 만큼 더 많은 양의 자선을 베풀 줄 알아야 한다." 그러나 내게 지금까지 의문은 이슬람의 이 다섯 가지 기둥에 의한 생활을 위해 그 많은 코란이 필요했었다는 점에 대한 회의였다. 다음은 그 많은 무슬림들이 이슬람의 정체성의 으뜸인 순종을 위해 의무희사를 마다하지 않는 그 정신적 배려가 존재하고 있다는 점이다. 그래서 종교는 보고 믿기보다는 그냥 조물주의 섭리에 의한 따름을 통해 믿음이 생겨난다는 사실부터 인정해야 할 것 같다. 내가 그랜드 모스크 참배를 마치고 나오는 현문에서 바라본 이슬람 문양이 그날따라 그렇게 보이기 시작했기 때문에 그렇다.

4. 오묘한 종교철학을 체험에서 알다

앞에서 여러 차례 언급한 대로 나는 종교의 무식을 면하기 위해 두 곳의 체험을 섭렵(?)했다. 하나는 서울 근교의 깊은 산속에서 연말연시 연휴기간을 통해 실시한 템플스테이 회원이 된 일이다. 다른 하나는 가평 소재의 '피정의 집'을 찾아가서 직접 종교적 체험한 일 등이다. 결론부터 얘기하자면 왜 나는 이런 곳을 외면하고 '그동안 종교의 본질을 찾아 헤맸을까?' 하는 후회가 물안개처럼 가슴마디를 후려치고 있었음부터 고백한다.

깊은 산속의 사찰에서

한국의 이름난 산마다 자연의 아름다움과 수려한 장관 속에는 으레 그곳을 대표하는 사찰이 있기 마련이다. 언론보도에 따르면 전국 유명사찰을 중심으로 불자(佛子)이든 나와 같은 이방인이든 외국 관광객이든 템플스테이(temple stay)에 참가하고 있다.

템플스테이는 문자 그대로 절(temple)에서 머무는(stay) 것을 뜻한다. 지난 2002년 한·일 월드컵을 계기로 외국인에게 산문(山門)을 개

방하면서 시작되었다. 내가 지난해 정초에 찾아간 곳은 강화도 전등사였다. 나는 그곳에서 처음 차수(두 손을 모으는 것)와 합장(기도할 때처럼 손바닥을 모으고 허리를 굽혀 인사하는 것) 등 기본예절을 배웠다. 종교적 의식보다는 마음을 가다듬는다는 의미가 강하게 느껴졌다. 전등사 연수과장 일장 스님은 "템플스테이는 천주교와 기독교 등 이웃 종교에도 열려 있다"면서 "종교적 가르침보다는 세속에서 받은 스트레스를 덜고 스스로를 돌아보도록 하는 데 초점을 맞췄다"고 말했다.

스님들과 함께하는 시간도 종교의 이방인인 내 자신을 되돌아보도록 무언의 가르침이 일품이었다. 또 일장 스님을 따라 전등사 경내를 산책하는 시간에는 시공을 초월한 자연의 고요함이 이게 극락(천당의 다른 이름)이 아닌가 하는 착각마저 들었다. 오직 느리게 걷고 느리게 차를 마시면서 나와 너의 존재, 하늘과 땅의 존재 등에 얽힌 의문점이 풀리지는 않았지만 그게 그것이라는 막연한 기대감으로 결국 확신에 이르렀다.

가평 작은예수회마을 피정(避靜)의 집

내가 지난 구정 연휴에 가평 작은예수회마을 찾았다. 이 작은예수회마을에서 정기적으로 개최하는 피정(避靜-避世靜念의 준말) 프로그램을 이수하기 위해서다. 일반적으로 피정은 침묵기도와 강의와 미사로 구성되어 있다. 침묵기도란 말 그대로 말없이 기도하는 일이다. 강의는 종교의 본질과 거리가 먼 도시인에게 예술과 문학을 통한 자기성찰을 수녀님들이 프로그램에 참가자 모두가 공감하는 수준의 주제로 채워졌다. 오직 세상을 잊고 침묵기도 속에서 만난 예술과 문학의 세계는 종교의 본질을 찾는 내게는 신선한 충격 그 자체였다. 나와 같은 아웃사이더에게 예술과 문학은 반(反)종교적 가치이지만 천주교 교리로도 해석 가능한 속세의 기술이라는 강의가 그렇게 가슴에 와 닿았다. 다시 결론을 내자면 종교의 본질은 규격화된 일종의 종교적 규범보다는 일상의 연장으로 이해하면서 시간을 투자하는 것이 중요하다. 이를 통해 종교에 관한 의문의 해갈이 가능했음을 그렇게 고백하게 한다.

5. 리얼 크리스마스, 메리 크리스마스, 투게더 크리스마스

무늬만의 종교와 종교다운 종교에서 백미는 초대 그리스도 교회를 찾는 일이다. 그리스 수도 아테네에 있는 파르테논 신전이다. 인구 370만 명을 품고 있는 고대 도시 아테네의 높다란 언덕에 세워진 파르테논 신전은 2000년 전 사도 바울이 잠시 거처한 곳이다. 그 산의 이름은 다신교(多神教)의 의미로서 그리스 신화와 전설이 뒤얽힌 그리스 종교였다. 그들 앞에서 사도 바울은 '하나의 신(神)'을 설파해야 했다. 그들에게는 처음부터 메시아라는 관념이 없었다. 있다면 희로애락이 넘실대는 신화와 인간의 이성과 지혜를 중시했을 뿐이다. 사도 바울의 '하나님의 아들 예수'와 '그리스도 죽음과 부활'을 설교하는 바울의 이야기는 그저 멀리서 날아온 이방인의 이교(異教)로 비칠 따름이었다. 결국 바울의 아테네 선교는 실패하고 말았다. 그러나 2000년이 지난 지금에 이르러서는 기독교는 그리스의 국교가 되었다. 그리스인의 98%가 그리스 정교회를 믿는 기독교인이다. 사도 바울은 그때 알았을까? 자신이 심은 씨앗이 천 년의 두 배를 넘어서야 열매를 맺을 거란 사실을⋯⋯. 특히 아테네 도심에서 자동차로 2시간 거리에 위치한 고린도에는 고린도 교회가 있다. 고린도는 아테네와 스파르타와 함께 그리스 3대 도시국가에 꼽힌다. 고린도는 양쪽 겨드랑이에 커다란 항구를 끼고 있다. 하나는 이오니아 해로, 다른 하나는 에게 해로 통한다. 그래서 성경에는 고린도가 사람이 몰리고 상업이 성하고 돈이 넘쳐 타락한 도시로 묘사되어 있다. 고린도에 18개월 머물렀던 사도 바울은 그곳에 고린도 교회를 세웠다. 바울의 서간 가운데 가장 긴 것이 '고린도 전서·후서'다. 그만큼 할 말이 많다는 것을 방증시켜주고 있다. 바울은 고린도 사람들에게 이렇게 말했다. "지혜로운 자가 어디에 있습니까? 율법학자가 어디에 있습니까? 하나님께서 세상의 지혜를 어리석은 것으로 만들어버리셨지 않았습니까? 그러나 우리는 십자가에 못 박히신 그리스도를 선포합니다. 그리스도는 하나님의 지혜입니다(고린도 전서 1장)."

리얼 크리스마스(real X-mas) 사연

앞에서 소개한 대로 천당 가기를 포기한 나는 지난해 12월 마지막 주일에 집에서 가까운 은평 교회를 찾았다. 예정에도 없는 교회 출석은 아무리 포장해도 아무리 미화해도 즉흥적인 불경(不敬)에 속할 터다. 세속을 더 사랑한 관계로 교회를 등진 채 살았던 나이지만 그냥 교회에 가는 생각이 현실의 교회 출석으로 이어졌다. 우선 서가에 외롭게(?) 꽂혀 있는 성경책을 꺼내들었다. 지하철 6호선 승객에서 7호선 승객이 된 내게 은평 교회 참석은 아침 일과에 속하는 조깅코스에서 바라본 안내 플래카드의 힘이 컸다. 거의 매일 새벽 7시면 나의 조깅코스는 자연스럽게 은평 교회 앞을 지나가게 된다. 집에서 일자산 잔디광장까지 다녀오는 1시간 20분 코스이기 때문에 지나는 일이 일상화되었다. 당시 은평 교회의 벽면에 붙어 있는 한 장의 플래카드에는 이런 메시지가 걸려 있었다. '리얼 크리스마스(real X-mas)'. 리얼(real)의 어원이 그대로 내게는 못이 되어 가슴을 다시 여미게 했다. 교회에 붙어 있는 크리스마스의 표어는 '메리 크리스마스'가 아닌 '리얼 크리스마스'였다. 하긴 종교의 본질 여행에서 방황했던 내가 리얼 크리스마스가 주는 메시지는 메리 크리스마스를 넘어 투게더 크리스마스(together X-mas)에 의해서 종교적 본질과의 회우도 가능할 수 있다는 너무나도 고마운 종교의 재발견으로 이어졌다.

04
너무나 평범하지 않은
우리의 멘토

1. 기적의 식탁을 만든 테이블 포 투 마사히사 고구레

우리는 항상 나보다 나은 사람, 나보다 훌륭한 사람을 멘토로 삼기를 원한다. 아니 진정으로 바라고 있다. 그들에게만 있는 생각과 지혜와 자질을 통해 자신의 재발견을 확대할 수 있어서다. 그렇다고 내가 여기서 유명한 정치인이나 종교인이나 철학자를 소개할 것으로 기대한다면 조금은 실망을 안길 것이다. 너무나 평범하면서도 우리 주위에 흔하게 접하는 그런 멘토가 제격이다. 정치 지도자라든가 재벌가들은 다른 책에 지천으로 깔려 있다. 그래서 재발견 이야기에 등장시킬 우리의 멘토는 누구나 할 수 있는 일을 우리보다 조금 앞서 실천한 그들이기에 유명 정치인과 돈 많은 재벌가들과는 격(格)부터 다르다.

20엔으로 만드는 기적의 식탁(食卓)

여기 우리가 지향하고 꼭 닮고 싶은 우리의 멘토가 있다. 이름은 마사히사 고구레. 당연 40세다. 내가 일본 사회적 기업 테이블 포 투를 꾸리고 있는 마사히사 고구레를 알게 된 것은 정말 우연이었다.

2010년 9월 일본에 갔을 때다. 일본 제1의 광고회사 덴쓰(電通) 별관 구내식당에서였다. 식권 판매 옆에 붙어 있는 색다른 메뉴판이 눈길을 끌었다. '테이블 포 투(table for two)'라는 메뉴가 바로 그것이다. 궁금증의 과녁이기도 했다. 구내식당에 동석한 니시가와(西川) 선생님에게 테이블 포 투에 관한 설명을 들으면서 점심 한 끼를 때웠다. 메뉴 그 자체도 오므라이스에다 단무지를 곁들인 그렇고 그런 평범 그 자체였다. 평소 존경하고 있던 니시가와 선생은 덴쓰의 자문역으로 지금도 노익장을 과시하고 있다. 특히 지난 1998년 겨울 내게 처음 '콘텐츠(Contents)'의 개념을 통해 학문적 가치를 설명하신 분이었다. 내가 14년 저쪽의 날짜를 자세하게 기억하는 것은 IMF 위기를 맞은 한국이 금 모으기로 전 세계를 놀라게 했던 그때였기 때문이다. 니시가와 선생은 나로 하여금 한국에서 '콘텐츠'에 대한 책인 『콘텐츠를 알면 돈이 보인다』(진한 M&B)를 상재(上梓)시키게 해 준 학문적 동기 부여자였다. 한국콘텐츠학회와 한국문화콘텐츠학회를 꾸린 것은 그다음 일이었다. 덧붙여서 나는 그 책을 통해 콘텐츠 개념을 '모든 미디어에 담긴 내용물'로 정의해서 이를 구체화시켰다.

같은 이유로 테이블 포 투의 마사히사 고구레 역시 우리 시대의 진정한 멘토로 소개하는 데 일말의 주저나 망설임이 일지 않았다. 그만큼 위대한 우리의 멘토였다는 얘기와 진배가 없어서다. 우리 시대의 진정한 롤 모델(roal model)이었기 때문이다.

선진국에는 건강식(健康食)인 반면 후진국에는 희망식(希望食)으로 통한 기적의 식탁

테이블 포 투 메뉴는 이름에서 알 수 있듯이 두 사람을 위한 것이다. 비만으로 고생하는 선진국 사람들과 굶주림으로 고통을 받는 후진국 사람들을 위한 메뉴다. 우선 비타민과 무기질 등이 높으면서 열량은 낮은 메뉴인 동시에 메뉴마다 20엔이 아프리카 어린이의 급식을 위해 기부되는 메뉴이다. 그렇다고 테이블 포 투가 별도의 식당이나 체인이 있는 것은 아니다. 일본 기업과 학교의 구내식당에서 이 메뉴를 제시해 판매하는 과정에서 시스템과 브랜드를 통해 한 끼 식단마다 20엔을 얻어내는 일이 전부다.

마사히사 고구레가 꾸미고 있는 테이블 포 투는 현재 일본 내 330개 기관과 학교 등에서 참여하고 있다. 최근 마사히사는 메뉴 판매로 모금된 기부금은 1억 2,000만 엔(약 15억 원)이라고 밝혔다. 이 돈은 아프리카의 학교급식 512만 그릇에 해당한다. 우간다와 르완다 등 아프리카 지역 54개 학교가 이를 통해 급식을 지원받고 있다.

마사히사 고구레의 인간승리

테이블 포 투를 꾸린 마사히사 고구레는 본래 전 세계적인 전략 컨설팅회사 매킨지의 직원이었다. 우선 부와 명예에서 어느 것 하나 부럽지 않은 삶을 살았던 그였지만 정작 그는 '불행했다'고 한다. 니시가와 선생의 말을 빌리자면 "많은 것을 배운 것은 사실이지만 행복하지는 않았다"면서 "매일 비참한 하루하루였다. 그래서 좀 더 보람이 있는 일에 100% 열정을 쏟고 싶었다. 그게 오늘날의 테이블 포 투가 되었다"고 술회했다고 한다. 오랜 방황과 번민의 시간을 거치면서 최우선적으로 남을 돕는 열정과 마음이 통하는 사람과 함께하는 일을 찾아 나섰다. 2007년 10월 일본열도에서 이제 '기적의 식탁'으로 통하는 테이블 포 투 메뉴의 장사가 그렇게 영글어갔다.

그렇다고 순탄하기만 한 길은 아니었다. 열정이 많았던 만큼 상처도 많이 받았다. 그러나 초지일관해서 2년 동안 뛰는 동안 대기업과 의 거래가 빛을 보게 되었다. 일본 최대 무역회사 미쓰이(三井)물산과 일본 제1의 광고회사 덴쓰도 이렇게 해서 테이블 포 투의 거래처가 되었다. 니시가와 선생님도 마사히사 고구레의 테이블 포 투 메뉴를 이렇게 정리하고 있었다. "나는 선뜻 기부문화에 동참하지 못했다. 그러나 구내식당에서 점심을 먹는 것만으로 내가 세상을 위해 좋은 일을 하는 셈이어서 매우 기쁘다." 나 역시 니시가와 선생의 설명을 듣고 너무나 평범하지 않는 우리 시대의 멘토로 마사히사 고구레의 인간승리를 배제할 수 없었다.

2. 대자본을 배제한 슬로머니의 뉴욕 포트그린 여장부들

미국 뉴욕 브루클린 포트그린 지역의 전업주부인 두 사람은 의기 투합했다. 지난 2009년 포트그린 지역의 주민위원회가 설문조사한 자료를 받아본 그들, 레베가 피팅과 제시카 바눌로는 섬광과 같은 아이디어에 스스로 놀랐다. 일찍이 출판사와 서점에서 근무한 경력의 소유자답게 그들의 생각은 자기 거주지에 서점이 한 군데도 없다는 점에 늘 불편을 겪었던 것에 착안한다. 그러나 문제는 돈이었다. 글로벌 금융위기 이후 은행들은 신용등급이 높지 않으면 돈을 빌려주지 않았다. 우선 서점을 원하는 주민과 서점을 차릴 뜻은 있지만 자금이 부족한 두 여장부는 돌파구를 모색했다. 먼저 주민위원회에서는 이들의 제안에 주목했고 동시에 이를 실현할 방법에 대한 논의가 시작되었다. "책방이 필요한 것은 우리가 아닌가? 이 여성들에게 우리가 투자를 합시다." 결국 뉴욕 브루클린 포트그린 지역의 두 여장부가 제안한 '동네 책방 만들기 프로젝트'는 은행을 거치지 않고 포트그린 주민들의 소액 투자로 발족하게 되었다. 지난 2010년 10월의 일이었다. 이 프로젝트에 참여한 주주는 총 2,000여 명으로 모금액은 7만 달러였다. 그리고 그린라이트 책방은 개업 3년 차인 올해는 흑자를 기록했고 투자자들은 금액에 따라 2.5~4%의 이자를 돌려받았다.

글로벌 금융위기 이후 미국에서 번지기 시작한 로커베스팅

보통과 평범은 생활의 재발견에서 가장 중요한 재산이다. 느림의 미학과 단순함의 미학은 탐욕스러운 월가에 대해 맞장을 뜰 수 있는 자양분이 될 수 있다는 믿음을 실증시키곤 한다. 포트그린의 책방 그린라이트 로커베스팅(Locavesting-지역(Local)+투자(Investing))의 성공사례는 큰 의미가 있다. 지역 주민에 의한 지역 투자를 의미하는 로커베스팅은 미국의 지역 투자가치의 대명사가 되었다.

로커베스팅이 특히 주목을 받은 것은 한 가지 사회적 변화와 한 가지 고용확대를 몰고 온 로컬 라이프스타일에 기인한다. 여기서 사회적 변화는 뉴욕 월가 점령 시위에서 보았듯이 메인 스트리트 은행 등 지역상공인에게 쉽게 대출해주는 소형 은행의 등장을 촉진시켰다. 뉴욕의 거대 은행들은 지역에서 돈을 벌어 본사로 가져간 다음 돈 잔치를 벌이면서 소득의 양극화를 심화시킨 것에 대한 항의 표시가 소형 은행에 대한 사랑으로 이어진 것이다. 또 여기서 고용확대는 글로벌 경제에서 소외된 중소기업과 자영업자를 살려서 지역 경제를 활성화시킨 것에 대한 기대치가 도사린 점이 주효했다.

에이미 코티즈의 '로커베스팅-로컬투자의 혁명'

그린라이트 서점의 성공사례는 미국 경제전문가인 에이미 코티즈의 저서 『로커베스팅: 로컬투자의 혁명』(Locavesting: The Revolution in Local Investing)에서 소개된 성공사례에 하나다. 최근 에이미 코티

즈를 국내 한 경제기자가 만났다. 그에 대한 얘기를 두 가지로 요약해서 너무나 평범하지 않는 우리의 여장부가 실천시킨 성공요인의 배경을 들어보자.

- 세계화와 정보통신기술의 발달로 사람들은 모니터 앞에서 세계 어느 기업에라도 투자를 할 수 있게 되었다. 그렇다면 그린라이트 서점의 성공사례는 이 같은 '금융의 세계'에 반하는 투자방식일 수 있다고 본다. 이를 어떻게 해석할 수 있을까?

"지금의 금융시스템에서는 지구의 반대편 기업에 투자하는 것이 옆 가게 투자하는 것보다 쉽다. 금융의 세계화는 세계 경제의 파이를 키우고 투자기회를 확대한다는 면에서 기업에 많은 기회를 제공한다. 그러나 득을 보는 것은 대부분 대기업이다. 뉴욕 월가의 중심이 된 지금의 투자시스템은 지역 경제와 중소기업에는 치명적이다. 대부분의 작은 기업들은 상장을 위한 회계자료와 법적 처리할 비용을 댈 엄두도 내지 못한다. 기업 공개는 많은 자산을 미리 확보한 회사들의 전용물이 되어버렸고 이 때문에 투자자금에 부익부 빈익빈이 발생한다. 그래서 대기업에만 의존하는 경제는 지속 가능하지 않다. 많은 통계가 이를 뒷받침하고 있다."

- 로커베스팅은 오래전 유럽에서 예술가들이 돈을 모아 대주던 후원자시스템이나 농촌의 협동조합과 비슷해 보인다. 미국에서는 이미 사라진 이 같은 움직임이 다시 확산된 이유는 무엇인가?

"거대 기업들이 벌어들인 돈이 지역 밖으로 대부분 빠져나간다는 위기감 때문이다. 월마트와 같은 대형 체인점들은 지역에서 돈을 벌어 본사로 그 돈을 가져간다. 반면 지역 소상인 가게들은 수익을 다시 지역에 투자하고 세금도 해당 지역에 낸다. 아울러 '우리 동네에 꼭 필요한 가게는 우리가 지켜야 한다'는 생각도 로커베스팅을 활성화시키고 있다. 자신이 즐겨 찾던 단골가게가 사라지고 그 자리에 특색이 없는 체인점이 들어서는 것을 사람들은 달가워하지 않는다. 예를 들면 포트그린의 그린라이트 서점의 경우라든가 사라넥레이크에 문을 연 한 잡화상의 성공사례가 바로 그것이다."

- 2002년 뉴욕 주 사라넥레이크에 유일한 잡화상 '에임스'가 문을 닫았다.

"'속옷 하나를 사려고 해도 한 시간 운전을 해서 쇼핑몰에 가야 한다', '추워서 장갑을 사고 싶은데 배달은 이틀 이상이 걸리는 인터넷 쇼핑몰이 무슨 소용인가?' 불만이 쌓여갔다. 마을에 월마트가 들어온다는 소식이 들려왔다. 주민들은 분열했다. 편리를 주장하는 쪽은 월마트를 환영했지만 자영업자들은 작은 가게들이 줄도산할 것이 뻔했다. 주민위원회에서 한 자영업자가 '정말 불편하다면 우리가 돈을 모아 잡화상을 만들면 되지 않느냐'는 의견을 대안으로 내놨다. 앞의 그린라이트 서점처럼 주민들은 잡화상을 위한 투자자금을 모으기 시작했다. 600여 명의 주민이 평균 800달러씩 투자해 50만 달러를 모았다. 인터넷 쇼핑몰에서 물건을 주문해 쓰던 사람들은 자신의 친구와 가족이 투자한 가게가 잘되기를 바라는 마음으로 웬만하면 이 가게를 이용한다. 또 이 잡화상은 주변의 자영업자를 보호하기 위해 다른 가게에서 판매하는 품목을 갖다 놓지 않는다. 그렇게 시작한 이 잡화상 가게는 첫 투자가 시작된 지 5년 만이었다. 지난해 10월 29일 '사라넥레이크 커뮤니티 스토어'가 문을 열자 주민들이 잔치를 벌였다. 배당 잔치였다."

　다시 결론을 내자면 대자본을 배제한 슬로머니가 승리한 날이다. 이를 불가능에서 가능하게 만든 뉴욕 포트그린 여장부는 이제 지역 방송국을 통해 사회적 기업가가 되었음은 물론이다. 70억 지구촌 가족이 바라는 우리의 멘토로서 하등 손색이 없을 터다.

3. 영국 언론으로부터 칭송을 받은 멘토 던킨 구즈

지금과 같이 인터넷과 SNS가 득세하는 스마트폰 시대에서 지구촌을 살찌우고 이를 건상하게 돕는 멘토가 절실한 시점이다. 롤 모델의 개념이 이를 일반화시킨 우리 사회의 트렌드가 되고 있어서다. 이들 멘토는 특히 세 가지 측면에서 이를 실천하고 있다. 하나는 자신이 잘할 수 있는 일을 한다. 둘은 좋아하는 일을 우선적으로 몰입해서 한다. 마지막 셋은 사회적으로 의미 있는 일을 한다. 이 세 가지 측면에 따른 우리 시대의 멘토로는 영국 글로벌 엑식스를 창업한 던킨 구즈가 대표적인 케이스다. 최근 영국 언론매체들은 그를 우리 시대 최고의 멘토로 등극시켜 칭송하고 있다.

생수를 팔아서 아프리카 생명수를 끌어올리다

글로벌 마케터인 던킨 구즈는 미친 듯이 일하던 약관 29세 때 큰 고민에 빠진다. '이 일은 진짜 내가 원하는 일인가'에 대해 스스로 묻기 시작했다. 한참을 고민해 보아도 답을 찾기가 어려웠다. 결국 그는 '생각할 시간'을 갖기로 결심했다.

지난 1998년 가을이었다. 2년간의 여행경비는 집과 자동차를 팔아 마련했다. 생의 의미와 같은 맥락의 자아(自我)를 찾기 위해서다. 더 특별한 점은 일반 여행자들이 찾지 않는 곳을 즐겨서 찾았다. 지진을 겪기도 하고 심지어는 총에 맞은 적도 있다. 또 어느 부족에 잡혀 경찰의 도움으로 구출된 사건도 있었다. 그 과정에서 던킨 구즈는 온두라스에서 허리케인을 만나 자신의 인생을 바꾸는 계기와 맞닥뜨렸다. 당시를 그는 이렇게 표현했다. "한 국가가 완전히 폐허가 되어버렸습니다. 다행히 나는 살아남았고 그래서 다른 여행자들과 함께 현지주민들을 도왔습니다. 우선 가족에게는 안전하다는 안부부터 전하고 친구들에게는 온두라스를 도와달라고 모금을 부탁했습니다." 그렇게 1달러, 2달러 모은 돈으로 던킨 구즈와 여행자들은 자신들이 머물던 마을을 포함해 12개 마을의 재건을 도왔다.

2000년 영국으로 돌아온 구즈는 다시 마케팅 전문가로 일하기 시작했다. 하지만 '세계 곳곳의 가난한 이웃들을 어떻게 도울 수 없을까'에 대한 고민은 계속되었다. 5년간의 고민 끝에 그는 지금의 '글로벌 엑시스'를 창업하게 이른다.

글로벌 엑시스의 첫 번째 제품은 생수 '원 워터(One Water)'였다. 지구촌에서는 수십억 명이 물 부족을 겪고 동시에 매년 200만 명이 물과 관련된 병으로 죽어가고 있기 때문이었다. 그는 엑시스 브랜드인 원 워터 생수를 판매해 수익금 절반은 플레이펌프 보급에 사용했다. 나머지 절반은 아프리카 어린이 영양상태 개선에 기부했다. 플레이펌프는 놀이기구와 수동식 펌프의 결합 형태로 적정기술의 대표적인 사례다. 아이들은 쇠바퀴를 돌리며 놀 수 있다. 반면 이 놀이를 통해 지하수가 땅속에서 끌어올려져 물탱크에 저장되는 원리다. 일단

혁신적인 아이디어였지만 사업은 쉽지 않았다고 한다. "대형 마트부터 작은 가게 주인에 이르기까지 매일 만났습니다. 제발 우리 제품 '원 워터'를 넣어달라면서 말입니다. 그러나 생수 관련 제품은 이미 계약된 품목이기 때문에 안 된다는 대답만 들었습니다."

던킨 구즈는 사업 시작 1년 만에 빈털터리가 되었다. "그동안 모아둔 재산을 다 써버렸습니다. 심지어는 주택담보대출의 신세를 지기도 했습니다." 마지막으로 일주일만 버텨 보고 안 되면 포기하자고 마음을 정하던 때였다. 그 일주일의 마지막 날이었다. 마치 기적처럼 영국에서 대규모 마트 프랜차이즈 '토탈'을 만났다. "토탈은 우리와 계약을 해줬을 뿐 아니라 적극적인 지원까지 아끼지 않았습니다. 심지어는 공익캠페인 계획까지 세워주는 특혜를 받았거든요." 지금은 '원 워터' 생수를 영국 어느 마트에서나 찾을 수 있다.

생수에 그치지 않았다. 비타민 물을 비롯해 손 세정제 등의 제품까지 포함시키고 있다. 지금까지 사업을 통해 500만 파운드(약 92억 원)의 수입금이 기부되었다. 아프리카에 설치한 플레이펌프만도 600개가 넘는다. 이러한 경험과 노하우를 바탕으로 던킨 구즈는 여러 대학과 기업을 돌면서 강사로 변신을 이룩했다. 이를 지켜본 영국 언론매체는 '아프리카 은인 던킨 구즈'라는 닉네임까지 달아주면서 그를 칭송하고 있다. 영국의 던킨 구즈의 인간 승리는 우리 시대의 너무나 평범하지 않은 멘토로서 이렇게 내가 당당하게 소개하는 데 일말의 주저함이 없다.

4. 쓰레기 섬을 미술관으로 바꾼 후쿠다케 회장의 그린 사랑

역설적이게도 너무나 평범하지 않는 우리의 멘토는 한결같이 지구촌 사랑으로 일관된 면면을 보여 주었다. 테이블 포 투의 마사히사 고구레가 그렇고, 그린라이트 서점의 포트그린 여장부들이 그렇고, 원 워터의 던킨 구즈가 그러했다. 그러나 이번에는 사회에서 번 돈으로 지구촌에 환원한 케이스다. 노블레스 오브리주가 강한 우리의 멘토다.

예술의 섬으로 재탄생한 나오시마(直島) 기적(奇跡)

일본 가가와 현(香川縣)은 일본 상도(商都) 오사카에서 남쪽으로 내려가는 곳에 자리를 잡고 있다. 이 가가와 현 해안에 자리를 잡은 둘레 16km의 작은 섬 나오시마(直島)는 1990년대만 해도 눈에 띄지 않는 '그저 그런 섬'에 불과했다. 다만 구리제련소에서 뿜어내는 매연과 각종 폐기물로 몸살을 앓아 황폐해지기까지 했다. 그만큼 버려진 섬이었다는 얘기다.

그러나 이 섬이 오늘날 세계 각국에서 연간 50만 명의 관광객을 불러 모으는 관광명소로 탈바꿈하는 데 성공했다. 섬 전체를 하나의 현대미술관으로 개조해서 전 세계 미술 애호가를 불러 모은 자석이 된 것이다. 섬 주민의 평균 국민소득도 가가와 현 내 35개 지자체 가운데 1위로 올라섰다. 일본인들은 이를 '나오시마 기적'이라고 부른다.

일본 출판 및 교육그룹 베네세의 후쿠다케 소이치로(福武總一郎) 회장

기적의 섬 나오시마를 찾는 한국 관광객이라면 으레 경남 거제도의 외도부터 생각날 것이다. 지난 1976년 12월 이창호 회장과 부인 최호순 여사가 꾸민 '외도 보타니아(Oedo Botaina)'를 연상하면 된다. 반면 일본의 나오시마는 외도보다 24년 늦은 1990년에 출판 및 교육그룹 베네세의 후쿠다케 회장이 올해로 22년째 가꾸고 발전시킨 결과 기적의 섬이 되었다.

원래 베네세는 후쿠다케 회장이 이룬 가업은 아니었다. 선친인 후쿠다케 데쓰히코가 창업한 가업을 물려받았다. 지난 1986년 베네세 그룹의 회장직에 오른 후쿠다케 소이치로는 그룹의 발전을 심각하게 고민하기 시작했다. 베네세는 유아원부터 고등학교까지 보는 참고서 생산에 국한했다. 서점에서 시작한 베네세는 일본 학습지 시장에서 부동의 1위였다.

하지만 당시 일본 사회는 본격적으로 고령화되고 있는 시점이었다. "새로운 성장동력을 찾아야만 한다. 동시에 기업 이미지도 바꿔야 하는 상황에 처해 있다." 기업에 새로운 성장동력이 필요하다고 느낀 후쿠다케 회장은 성인을 상대로 한 어학교육 사업과 노인간호 사업 영역에 진출하는 등 사업 포트폴리오를 새로 짰다. 여기에 사회공헌 활동은 물론 기업 이미지를 높이기 위한 아이디어 찾기도 겸했다. 이

때 떠오른 게 바로 나오시마 프로젝트였다.

세계적인 건축가 안도 다다오와 손을 잡고

미술품에 관심이 많았던 후쿠다케 회장은 무인도에 가까운 나오시마에 10억 엔을 투자해 섬의 절반을 사들였다. 1987년의 일이었다. 그리고 우선적으로 세계적인 건축가 안도 다다오를 찾아가서 나오시마 프로젝트를 맡겼다. 결국 1992년에 미술관과 호텔이 만난 이색적인 건축물 베네세하우스를 준공했다. 2004년에는 건물을 땅속에 묻는 지중미술관을 완성시켰다. 해안 곳곳에는 세계적인 작가들의 작품을 설치했고 사람들이 살다 버린 빈집조차 '아트하우스'로 다시 태어났다.

나오시마 프로젝트는 글로벌 전략에도 톡톡히 공헌하고 있다. 오늘날 베네세 그룹은 세계 32개 국가에 진출하고 있다. 나오시마는 일본 관광청이 선정한 4대 관광지 가운데 하나다. 세계적인 여행 잡지 매체 트래블러(The Traveller)가 선정한 '세계 7대 관광지' 파리와 시드니 등과 함께 이름을 올렸다.

2012년을 맞은 베네세그룹은 나오시마에 그치지 않고 제2, 제3의 나오시마를 도시마(豊島)와 이누지마(犬島)에 짓고 있다. 따라서 후쿠다케 회장의 미술품 사랑은 기업에서 번 돈으로 사회에 환원하고 동시에 기업의 이미지에도 크게 공헌한다는 사실에서 보듯, 우리의 멘토는 신분과 돈의 유무를 떠나 진정한 지구촌 사랑이 그 핵심 매뉴얼이 되고 있음이 여실히 증명된 셈이다.

05
가족이라는 공감편지

1. 임진년 구정 명절에도 어김없이 귀향열차 만원사례

흑룡(黑龍)의 해라고 하는 올해 임진년(壬辰年) 구정은 만원사례의 귀향열차에서 그대로 재연되고 있다. 찾아갈 고향이 있다는 것은 곧 가족들이 기다리고 있다는 방증이다. 부모님을 비롯하여 직계가족은 물론이고 친척과 이웃에게 준비한 선물을 안겨주는 것은 곧 가족사회가 존재한 근거가 된다. 외신들이 이를 크게 보도한 것을 보아도 한국 구정의 민족 대이동은 특별함과 존재감이 합일된 미풍양속이 아닐 수 없다.

지난 1월 22일부터 사흘 동안 이어지는 구정 기간에는 3,500만 명이상이 고향집을 찾았다고 텔레비전과 신문은 보도했다. 고속도로를 가득 채운 자동차 행렬은 그야말로 스펙터클의 전형이 따로 없다. 눈이 내린 궂은 날씨에도 불구하고 고향집을 찾는 그들의 마음은 어린 아이들처럼 들떠 있었다. 멀리 가족을 이북에 두고 있는 실향민에게는 정말 부러운 정경이 아닐 수 없다.

13억 민족 대이동의 중국 춘절(春節) 스케치

가족이라는 공감편지에서 13억 민족 대이동의 중국 춘절은 한국 설 명절과 대비된다. 이동 규모와 기간은 우리를 추월하고 있다. 우선 춘절이 가까우면 베이징 시내는 붉다. 거리 곳곳에 붉은색 등롱(燈龍) 이 걸리고, 집 대문에는 붉은색 바탕, 노랑색 바탕의 춘련(春聯)이 나 붙는다. 백화점 등 쇼핑가에는 연하(年賀)를 파는 붉은색 간판의 임시 상점이 들어선다. 춘절(春節) 서곡 '궁시파차이(恭喜發財-돈 많이 버세 요)' 등 흥겨운 노래가 마음부터 설레게 한다. 지난 1월 8일부터 귀성 객들이 한꺼번에 길거리로 나서면서 중국의 하늘과 땅 길은 초만원 사례였다. 중국 국영방송 CCTV는 이를 보도하면서 성급한 사람들은 벌써부터 밤마다 폭죽을 쏘아 올리고 있다고 전한다. 섣달그믐인 추 시(除夕)와 정월 초하루인 춘제가 임박하면서 13억 인구의 지구촌 최 대 축제는 절정을 향해 치닫고 있다고 거듭 전하고 있다.

중국 정부가 추산한 올해 춘윈(春運)기간(설 연휴 운송기간 1월 8일~ 2월 16일까지) 이동 인구는 연인원 31억 5,800만 명으로 사상 최대 규 모다. 베이징 시도 연인원 3,700만 명이 고향을 찾거나 여행을 다녀온 것으로 밝혔다. 이처럼 서양에는 크리스마스 시즌이 있다면 중국에서 는 춘제훠둥(春節活動)이 있는 셈이다. 특히 중국인들은 춘절 기간에 통이 커진다. '1년을 절약하더라도 명절은 제대로 보내야 한다'고 생 각하고 있기 때문이다. 지난해 춘절 공식 연휴 일주일 동안 중국의 소매판매액은 전년보다 18.9% 늘어난 4,045억 위안(72조 원)에 달했 다. 백화점 일주일 매출이 평소 한 달 매출에 육박했다. 또 중국여행 은 올해 춘절 기간 전국 관광객 규모가 1억 8,500만 명에 달할 것으로 관영 신화통신은 전했다.

구정을 가족 명절로서 지키고 있는 한·중 두 나라의 공통점

우선 가족의 의미와 명절의 분위기 사이를 민초의 생활양식으로 빗대어 보면 분명 우리가 귀중하게 생각하고 있는 나와 나의 가족의 함수관계를 풀기가 매우 쉽다. 1년을 벌어서 춘절 한 절기를 즐겁게 보내는 중국이라든가 민족 대이동이 그림처럼 고속도로에서 펼쳐지고 있는 정다운 모습은 유교적 가치와 교훈에 의한 자신의 성취감 없이는 불가능한 연출이다. 그래서 이를 서방 외국인들조차 이상하게 보면서도 부럽게 보는 것이다. 가족이라는 공감편지를 쓸 수 있는 민족은 가족의 미래를 걸 수 있기 때문에 그렇다. 내가 이 세상에 태어난 것부터가 가족이라는 방호벽이 존재하기 때문에 가능하다는 점을 공감하면서부터 생긴 미풍양속이 바로 한국의 구정이고 중국의 춘절이어서 그렇다.

2. 가족의 지향점과 숙명적인 인간관계로 얽히고설킨 가족사(家族史)

'숙명적 관계와 가족의 의미', '복지와 노인문제', '노후대책과 가족 인연' 자본주의 3.0이 지향한 가족 버전을 공식화(公式化)한 것이다. 지난 2008년과 2011년 두 차례에 걸친 글로벌 금융위기를 가치면서 자본주의 4.0 버전까지 등장한 지금이라 해도 가족(family)의 본질은 바로 숙명적인 관계로부터 시작된다. 그렇다면 우리에게 가족은 어떤 의미일까? 어떤 관계설정이 가능할까? 인연이 가져오는 인간관계와 노인복지의 함수 설정은 있을까? 이 세 가지 '패밀리' 시리즈는 가족의 본질이 숙명적인 관계에 따른 필연임을 제시하기에 충분하다. 바로 앞에서 소개한 한국 구정과 중국 춘절 스케치가 뉴스의 초점이 된 이유가 같은 이치다. 이를 두고 김학중 한국가정경영연구소 소장은 "메마른 가슴을 채우고 지친 몸을 달랠 수 있는 곳은 가족이 유일하다"면서 "세상이 각박해지면 가족의 중요성과 가치는 더욱 빛을 발한다"고 주장했다. 김혜경 한국정책연구원 가족연구실장도 "1인 가족이 급속도로 늘고 있지만 흥미로운 점은 이들을 조사해보면 가족 지향성이 매우 높게 나온다는 것"이라며 "인간은 기본적으로 가족을 그리워하고 동경하는 속성이 있다"고 강조했다.

가족의 이름에서 얻어지는 예술의 장르

가족의 이름으로 얻어지는 예술적 장르는 여러 가지가 있다. 예를 들면 영화를 비롯하여 TV 드라마와 소설과 CF 등 '가족'이 단골메뉴로 등장하는데 이는 가족과 얽히고설킨 가족사(家族史)가 현대인에게 늘 진한 감동을 주기 때문이다.

가족사를 연구하는 전문가 집단의 의견 역시 여기에서 조금도 다르지 않고 있다. 실제로 가정이 위안을 받을 수 없는 곳으로 인식하는 데서 현대의 가족문제가 빚어지기 마련이다. 과거에는 가족 지향점이 공동체 행복이었지만 이제는 개인이 행복해야 하는 등 '현대 가족개념'이 바뀌고 있다. 가족사에 대한 연구를 계속하고 있는 전문가 집단이 내린 결론은 가족구성원 사이의 만족도를 높여야 하며 이를 위해서는 서로를 위해 무엇을 할 수 있을까에 대해 고민하고 더불어 친밀감을 높여나가는 것을 주문하고 있다. 그래서 '우애적(友愛的)' 가족개념 정착이 필요하다는 주문이 크게 설득력을 얻고 있다. 이를 달성하기 위한 부단한 노력이 결국 예술적 장르를 통해 승화되고 있다. 동시에 가족사(인간사의 협의개념)의 본질 그대로 파생된 상품이 바로 소설이고, 영화이고, TV드라마이다.

소설에서 재발견된 가정의 현실

문학은 언제나 현실적인 반응이다. 그리고 가족사는 소설의 가장 중요한 주제가 되어 왔다. 또 문학은 그 시대상을 담는 거울인 만큼 가족의미에 대한 소설가들 탐구는 앞으로 계속될 것이 예단된다. 그래서 소설은 여전히 가족을 이야기하고 있다. 그리고 인간 중심에는 어떤 형태로든 가족이라는 구심점이 존재한다. 우리의 삶이 그것을 벗어날 수 없기 때문에 그렇다.

'엄마의 집'과 '달려라 아이'

요즘 한국 소설가들은 한참 '가족'이라는 소재를 가지고 씨름하고 있다. 가족의 개념과 구성이 많이 변화되고 또 진화되고 있어서다. 이제 싱글맘이라든가 다문화 가족이라는 단어는 한국 사회에서 더 이상 낯설지 않다.

실제로 2000년대 이전 대부분 소설은 전통적인 가족사를 다루었다. 그러나 2000년 이후 소설은 가족의 해체를 인정하고 새롭게 나타난 가족의 개성을 표현하는 데 주력하고 있다. 이를테면 정상적인 가족 형태의 가능성이 소설(또는 TV 드라마) 속에서 잘 그려지고 있다. 다시 반복하자면 1990년대만 해도 소설 속에 나오는 '가족'은 전통적 가치를 고스란히 지니고 있었다. 따라서 가족은 '따뜻한 위안'이거나 아니면 '가부장적 억압'이라는 상반된 얼굴로 등장하는 것이 보통이었다. 하지만 2000년대 들어서면서부터 작가들 태도와 인물 설정이 바뀐다. 새롭게 형성된 21세기 가족패턴을 작품에 담기 시작한 것이다. 그 대표적인 케이스가 공지영의『즐거운 나의 집』과 전경린의『엄마의 집』등이다. 이들 작품 속에는 한국 가족사에 대한 따뜻한 애정과 함께 비판의 몫인 개선의 목소리도 담겨 있다. 이를 통해 우리의 전통적인 가부장제도가 옳은 것인지, 만일 옳지 않다면 이런 상황에서 지금 우리에게 필요한 가치관이 무엇인가를 되묻고 있다.

여기에 대한 대답은 아마도 앞에서 소개한 자본주의 3.0 버전에 해

당한 세 가지 공식이 한국 현대 가족사에 대한 바른 제시가 될 수 있
다. 왜냐하면 가족의 본질이 이제 시작된 것이 아니라 오래전부터 전
통과 문화, 역사와 생활 등 여러 가지 사회적 변화의 요인에서 비롯
된 것이기 때문에 우리 가족의 재발견은 곧 우리의 지향점과 서로 동
행하는 인류본질의 근본문제이기에 그렇다.

3. 가족이라는 이름의 전차

이번 가족 재발견 주제는 오래된 미국 영화 '욕망이라는 이름의 전차'를 그대로 패러디할 수 있다. 잘 알려진 대로 이 영화는 1951년 비비안 리와 말론 브란도의 연기에 반한 미국인들이 즐겨 보는 영화에 속한다. 미국 극작가 테네시 윌리엄스는 이 작품으로 1947년 퓰리처상을 거머쥔 영화 중에 영화로도 꼽힌다. 여기서 시공을 넘어 공감과 교훈의 끝자락에는 '전차'라는 매개체가 있어서다. 시곗바늘을 빠르게 회전시키면 '전차'는 곧 '지하철'이 된다. 나는 이제 지하철 6호선 승객에서 7호선 승객으로 갈아타고 있기 때문에 테네시 윌리엄스 작품세계와 비비안 리의 연기가 혼합되어 하나의 가족사를 엮기에 안성맞춤이다.

핵가족이 더 쪼개진다

우리나라 대표적인 가족유형이 4인 가족에서 10년 사이 '2인 가족'으로 바뀌었다. 평균 가구원 수는 2.69명으로 2005년 보다 0.19명 감소했다. 이는 부모와 자녀가 함께 사는 2세대 가구가 줄고 1세대 가구가 증가하는 가구 분화(分化) 때문인 것으로 풀이된다.

　최근 통계청은 '2010 인구주택총조사'를 통해 관련 통계수치의 개요를 그렇게 정리하고 있다. 통계청의 발표에 따르면 2010년 11월 기준 2인 가구는 전체 1,733만 9,000가구 중에서 24.3%인 420만 5,000가구로 가장 많아 주된 가구 유형으로 등장했음을 보고서에 담았다. 1990년 이후 가장 많은 가족 유형이었던 4인 가구 비율은 22.5%(389만 8,000가구)로 2005년보다 4.5포인트 급감했다. 4인 가구 비중으로는 역대 최저다. 이런 변화는 고령화가 급속도로 진행되면서 독거노인 가구가 크게 증가함을 의미한다.

　혼자 사는 가구 연령대는 2005년에는 20대가 21.4%로 가장 많았으나 2010년의 경우 70세 이상이 19.2%로 가장 높은 비중을 차지했다. 또 가구 분화 유형을 보면 부부 가구는 2005년보다 18.3% 증가했고 '아버지+미혼자녀' 및 '어머니+미혼자녀' 가구가 각각 21.1%와 15.1%가 늘었다. 이렇게 한국 가구의 변화는 곧 핵가족이 더 쪼개지고 있다는 점을 여실하게 증명시켜 주고 있다.

극작가 테네시 윌리엄스가 예견한 가족의 분열

　블랑쉬는 욕망이라는 전차를 타고 미국 남부 항구도시인 뉴올리언스에 도착한다. 명문가문 출신인 그녀는 이 퇴락한 도시와는 어울리지 않는 차림새를 하고 여동생의 좁고 허름한 아파트를 수소문해 찾아간다. 여동생의 남편인 스탠리는 폴란드 출생의 노동자로 다혈질에다 거침없는 성격의 소유자였다. 음주와 도박에 능한 사내이기도 했다. 현실을 쉽게 받아들여 현실에 녹아들 수 없었던 블랑쉬를 스탠리는 도저히 참을 수 없게 만들었다. 그래도 스탠리의 친구인 미치는 블랑쉬에 관심이 갔다. 그녀와 데이트도 하고 그녀를 어머니에게 소개시키려고 했다. 그러나 스탠리의 방해로 미치는 블랑쉬의 곁을 떠났고 스텔라가 아이를 출산하러 간 사이 스탠리는 블랑쉬를 능멸하고 만다. 블랑쉬의 집 앞에서 의사와 간호원이 기다리고 있다. 블랑쉬를 정신병원으로 데려가기 위해서다. 처음에는 따라나서기를 거부하던 블랑쉬는 의사의 친절한 말에 이끌려 병원으로 실려 가고 만다. 한 가정의 파탄은 그렇게 시작되었고 결국 한 가족은 파경에 이르는 것으로 '엔드(end)' 자막이 오른다.

욕망의 다른 이름인 현실도피에서 우리는 자유스럽지 못함을 극작가 테네시 윌리엄스는 그렇게 증언한 셈이다. 때문에 가족이라는 공감대 형성이 중요해지기 마련이다. 그때나 지금이나 동일하게……

4. 우리 시대의 시인이 띄운 공감편지

앞의 '욕망이라는 이름의 전차'에서 보듯 가족 파괴는 어제 오늘의 일이 아니다. 너무나 잘 알려진 사실에 속한다. 그러나 가족의 본질에 요구하는 수준의 공감대 형성은 그래서 더욱 필요하게 되었다. 이를 간과하지 않는 언론매체들은 '공감(共感) 편지(便紙)'를 시리즈로 엮고 있다. 3년 사이에 두 번에 걸친 글로벌 금융위기를 겪은 70억 지구촌 가족들에게는 너무나 많은 상처와 상흔을 남기면서 새롭게 가족의 가치와 의미에 주목한 결과다. 실제로 우리가 몰랐거나, 아니면 외면했거나, 그것도 아니라면 스스로 가족의 본질을 잊고 살았거나 주목의 본질은 마찬가지이다. 이들을 아우르는 의미에서 우리 시대의 시인(詩人)이 띄운 편지는 우리를 새롭게 가족의 가치와 의미에 대해 묻고 또 되뇌게 만든다. 가장 많은 공감대(共感帶)를 형성시킨 우리 시대의 시인 문정희 씨의 글(<조선일보> 2012.1.6일자 참조)을 단행본 구성에 맞게끔 각색하면 여실하게 공감은 공유될 수 있다.

칠순 노모에 손자 양육까지 떠맡는 무거운 삶의 무게여!

"얼마 전 민식이와 할머니를 만나고 돌아오는 길의 남한강에서 부는 바람은 차가웠습니다. 차창 밖으로 벗은 나무들이 앙상하게 서 있었습니다. 저 벌판에도 봄은 꼭 오겠지요. 온갖 잡일을 하며 8남매를 키우고 이제 또다시 아들이 두고 간 손자를 칠순의 노구로 키우고 있는 민식이 할머니에게 저는 쉽게 희생의 위대함과 모성애의 성스러움 같은 말을 할 수가 없어 지금 당혹스럽고 괴롭습니다. 하지만 민식 할머니, 저는 이런 마음을 고백하고 싶습니다. (중략) 민식이 할머니 양순희 여사의 칠십여 평생은 정말 고달프고 지난(至難)한 삶임에 틀림이 없습니다. 산 너머 단월마을에서 시집와 양평 인근을 전전하며 살았고, 30여 년을 살았던 지금의 집도 1년에 쌀 한 가마니를 줘야 하는 남의 땅이라고 하지만 그 집 벽에 가득히 할머니가 걸어놓은 사진들이 증거처럼 제 눈길을 사로잡았습니다. 남편과 8남매가 함께한 잊지 못할 순간들이 알알이 벽면에 박혀 있었던 것입니다. 그중에도 외아들이 떨구고 간 유일한 혈육 민식이가 태권도복을 입고 멋진 포즈를 취하고 있는 모습은 할머니 삶에서 뺄 수 없는 최종의 의미요, 동시에 보배임이 분명했습니다.

비록 우리 사회가 이기주의 사회이고 물질 가치로만 치닫는 면도 있지만 이제는 그들을 외면하고 사회 약자를 배려하지 않고는 제대로 된 사회가 안 된다는 것을 인식해가고 있는 것도 사실입니다. 전국에 조손 가정이 6만 9,175가구에 이른다고 합니다. 이것은 모두가 함께 껴안아야 할 문제입니다. 당연히 국가 차원에서 근본적인 경제 대책을 세우지 않을 수 없는 시점입니다.

아마도 민식이가 대학을 갈 때쯤에는 여러 조건이 개선되리라고 믿어봅니다. 민식이 할머니! 아이를 키우는 어머니의 젖이 그 나라 미래의 국민을 기르는 양식이듯이 우리 민식이를 기르는 일도 그렇습니다. 할머니가 폐지를 줍고 식혜 공장이나 골프장이나 세차장에서 일해 키우게 할 수 없다고 생각합니다. 민식이를 잘 키우지 못하면 우리의 미래를 잘 키우지 못하는 것입니다.

미국의 흑인 대통령도 할머니 손에서 자랐고, 세계를 정보사회로 바꾸어놓고 얼마 전 타계한 스티브 잡스도 남의 집에 입양된 아이였다는 사실을 아시지요? 민식이 할머니가 힘든 삶을 살아낸 집 주소가 마침 청운면 와룡리라는 것을 보며 홀로 미소를 짓습니다. 우리 민식이가 용처럼 일어설 때를 진심으로 기다려봅니다."

아무래도 나에게 있어서 다른 수정이라든가 첨가는 허락되지 않겠지만 그 자체가 너무나 현실적이 아닐까 싶다. 그렇기 때문에도 우리 시대의 시인은 지금도 그렇게 되묻고 있는지 모른다.

06
그리스 헬스 코드는
지금도 진행 중

1. 그리스 코스 섬에 길을 묻다

1970년대만 해도 그리스 코스 섬은 토마토와 수박과 멜론으로 유명했다. 부둣가에는 수박을 가득 실은 배가 다른 항구를 향해 출항 준비에 바빴다. 짐을 부리는 일꾼들은 구릿빛 피부를 드러낸 채 작열하는 태양 아래서 땀을 흘렸다. 이를 먼 거리에서 바라본 할아버지들은 물담배를 물고 있거나 중국 고량주와 동급인 우조를 즐겨 마셨다. 나무 그늘에 앉아 있는 일단의 할머니들은 뜨개질로 소일하기에 바빴다. 그러나 그것은 과거의 이야기에 불과하다. 지금 코스 섬에는 더 이상 수박이나 멜론 농사를 짓지 않는다. 농부가 살던 집들은 헐려 그 자리에 호텔이 들어섰고 할아버지들이 한가하게 앉아서 놀던 자리는 식당으로 바뀌었다. 아무리 그리스가 부도위기에서 나라 경제가 엉망이라고 해도 코스 섬은 예외로 두고 있다. 왜냐하면 전 세계에서 건강을 위한, 건강에 관한 고향을 향해 많은 탐방객이 여전하게 드나들고 있어서다. 코스 섬이 평범한 섬이었다면 해마다 30만 명이 넘는 의료 탐방객이 몰려들지 않았을 터다. 왜 저들은 지금도 저토록 조그마한 그저 그런 섬에 불과한 코스 섬을 찾을까?

세계 의학의 출발점

그리스 코스 섬은 의학의 문을 연 히포크라테스(Hippokrates, B.C.460~375년)의 고향이다. 실제로 코스 섬의 메인 타운으로 지칭되는 코스에는 2400년 전 히포크라테스가 그늘 아래서 제자들을 가르쳤다는 플라타너스 나무가 아직도 서 있다. 그 플라타너스는 유럽에서 가장 오래된 나무다. 그렇게 오래된 나무 옆에 서면 인생이 얼마나 짧은가를 깨닫게 된다. 새삼 "인생은 짧고 예술은 길다"라는 히포크라테스의 말이 생각난다. 그가 토해낸 '예술'은 그리스어로는 '테크네(techne)'로 예술의 의미와 함께 학문의 의미도 포함된다. 그렇다면 히포크라테스의 예술은 의술(醫術)도 하나의 '테크네'가 될 수 있다. 결국 히포크라테스가 말하고 싶은 메시지는 아마도 이런 것일 터다. "우리의 삶은 짧아도 학문과 의술은 계속 발전하는 것이니 조바심을 내지 말고 꾸준하게 정진(精進)하라."

정작 히포크라테스는 장수한 것으로 알려졌다. 실제로 히포크라테스는 '의술의 신' 아스클레피오스의 19대 손이다. 그의 집안은 대대로 아스클레페이온에서 의사로 봉직했기 때문에 어려서부터 의술을 배우며 자랐다. 그는 젊어서 다원론자인 데모크리포스와 아낙사고라스로부터 철학을 배웠다. 당대 최고의 소피스티인 고르기아사에게서 수학을 배우는 등 다방면에 걸쳐 많은 공부를 했다. 여기에 그치지 않고 그는 그리스 전역과 이집트와 리비아까지 여행을 다녔다.

다시 읽고 있는 히포크라테스 선서

동네 병원에 가면 가끔 수염이 길게 늘어진 품위 있는 할아버지 모양의 히포크라테스 입상을 볼 수 있다. 그가 2400년 전에 말한 것이 시공을 넘어 지난 1948년 제네바의 세계의사협회에서 정리한 문건이 바로 지금의 '히포크라테스 선서(宣誓)'이다. 히포크라테스 선서는 우선 스승에 대한 경애와 환자의 구제, 그리고 청렴한 의사의 직업윤리를 선언한 것으로서 지금도 세계 어느 나라에서든 의사 자격이 주어질 때 해야 하는 선서이다. 내가 굳이 여기서 히포크라테스의 선서를 언급하는 것은 『지하철 6호선 승객이 이제 7호선 승객으로』에서 나와 건강문제는 배제할 수 없는 이슈 중 하나이기 때문이다. 따라서 히포크라테스 선서를 숙지하고 나면 우리의 건강과 건강한 생활의 영위가 원만해질 것이고, 의사에 대한 신뢰를 바탕으로 하여 치료의 혜택이 마냥 고마워질 것이다. 이는 최근 내가 실제로 경험하였고, 또한 비록 의술에는 문외한이지만 적잖은 도서를 섭렵(?)하는 과정에서 히포크라테스 선서야말로 여기에 대한 나의 무지를 어느 정도 희석시키는 촉매 역할을 했다고 느낀 결과이다.

선서 하나, 이제 의업의 종사할 허락을 받으매 나의 생애를 인류봉사에 바칠 것을 엄숙히 선언하노라. 선서 둘, 나의 은사에 대하여 존경과 감사를 드리노라. 선서 셋, 나의 양심과 위엄으로써 의술을 베풀겠노라. 선서 넷, 나는 환자의 건강과 생명을 첫째로 생각하노라. 선서 다섯, 나는 환자가 알려준 모든 비밀을 지키겠노라. 그 선서 가운데 '어떤 환자에게도 죽음으로 이끄는 약을 쓰거나 권하지도 않고 임신부에게 유산을 위한 약을 주지 않겠다'는 제6항이 특히 인상적이다.

히포크라테스는 질병의 원인을 자연에서 오는 물리적인 것으로 직시했고 이를 통해 의학을 경험 과학의 하나로 발전시켰다. 또 치유의 힘도 자연에서 오는 것이라고 보고 의사는 인체의 자연 치유력을 강화시켜 병자가 빨리 회복할 수 있도록 도와야 한다고 가르친 점은 히포크라테스 의학의 지존에 해당되고도 남는다.

2. 웰빙 식단을 제시한 영국 토트네스 마을

우리나라에는 많은 격언(또는 속담)이 있다. 특히 건강 관련 격언 가운데 백미 중 백미는 아마 이런 것일 터다. '재산을 잃으면 반을 잃은 것이고, 건강을 잃으면 다 잃는 것이다.' 실제로 나는 이러한 것을 불행히도 최근에 경험했다. 평소 건강은 치료보다는 예방이 최상이라고 익히 알고 있었지만 남의 일로 치부한 부주의로 힘든 치료과정을 몸소 경험했다. 그래서 건강에 관한 한 조심스럽고 슬픈 자신을 되돌아보는 계기를 맞았다. 다음에 자세히 기술하겠지만 이 책의 출발점도 이런저런 경험이 모아지지 않았다면 생각일 뿐 이렇게 현실적인 단행본으로까지 발전하기 어려웠을 터다. 그만큼 건강 쇼크가 준 위력(?) 앞에서 무력하고 촌스러운 자신과 맞닥뜨렸기 때문이다. 그래서 얻은 결론은 '착한 환자(患者)'가 되기 위해 스스로 노력해야 한다는 것이다.

이런 결론에 도달하기까지의 과정에서 히포크라테스 선서에 충실한 의료진에 의해 치료의 은덕을 입었지만, 세 가지 신세를 짐으로써 오랫동안 적잖게 울먹였다. 하나는 우리 가족구성원에 대한 감사와 미안함에 대한 신세다. 내 병을 간호한 나의 사랑하는 아내를 비롯하여 가족의 구성원인 세 딸 등에게 큰 빚을 지었다. 둘은 예방에 충실했다면 치료에 대한 손해는 있을 수 없었을 것을 치료비를 대는 손비 발생 부분이다. 셋은 내 자존심을 외출까지 보내면서 받아야 했던 각종 검사와 치료과정에서 받는 스트레스가 없지 않았다. 이를 통한 자긍심 파괴는 필설로 피력하기 어려울 만큼 자존심을 구기기에 충분했다. 여기에 드는 시간적 손실은 어디 나만 국한된 일일까?

치료보다는 예방을 강조한 토트네스 교훈

그리 짧지 않은 치료과정을 겪으면서 큰 문제는 식단(食單)의 개선이었다. 몸에 좋다는 웰빙(well-being) 지향의 식문화를 적절하게 찾아서 일상화시키는 일이다. 이를 위한 요구에서 만난 곳이 바로 웰빙 식단의 원조인 영국 토트네스(Totnes) 마을이다.

영국 남서부 끝자락 마을 토트네스는 걸어서 1시간 정도면 다 돌아볼 수 있는 조그마한 그렇고 그런 마을이다. 그러나 300년도 더 된 건물이 60채나 남은 고풍스러운 동네다. 주민 8,000여 명이 살고 있는 토트네스의 하이스트리트(High Street)에 몰려 있는 상점과 식당은 '그린(green)'과 '유기농(organic)' 간판이 붙어 있다. 이를 통해 이 소박한 영국 마을은 몸과 마음의 건강을 최우선으로 친 결과 전 세계인에게 잘 알려진 곳의 하나가 되었다. 한국에서도 21세기의 새로운 라이프스타일로 각광을 받기 시작한 웰빙 마을의 모델로 인지되고 있다. 건강한 몸에 건전한 마음으로 잘 살아보겠다는 사람들이 전 세계에서 모여든 결과다. 뉴욕의 맨해튼 아파트를 팔아치우고 이곳을 찾아온 요가선생을 비롯하여 런던서 옮겨온 아이스크림 제조업자도 있다. 하이스트리트에서 꺾어 들어간 콜린스 로드에는 수백 년 된 대장간을 개조한 '포지 요가센터'도 자리 잡고 있다. 남녀 10여 명이 몸을 구부렸다 폈다 스트레칭 중이다. 쾌적한 환경과 뛰어난 강사진 덕분에 이곳은 2003년 11월 인디펜던티즈가 선정한 '영국 10대 요가센터'에 이름을 올렸다.

이 작은 마을에 영국 최고 수준의 요가센터를 차린 사람은 그렌체로 2000년부터 맨해튼 아파트를 팔고 이곳에 정착했다. 유기농 아이스크림업체 '로콤'의 오너는 런던에서 이곳으로 이사를 왔다. 세계적인 컨설팅업체 매킨지의 경영 컨설턴트로 일하며 성공이 보장되어 있던 도시의 삶을 미련 없이 버리고서……. 런던에서는 건강한 가정을 꾸리기가 불가능하다는 판단에 따라 이 부부는 토트네스 인근 농장을 사서 낙농업에 도전했고 4남매를 기르며 아내의 꿈이던 아이스크림 사업을 시작했다. 이처럼 토트네스 마을 사람들은 '더 많이'와 '더 빨리'를 목표로 돌진하는 시티라이프(city life)를 자발적으로 포기한 사람들, 하고 싶은 일을 하기 위해 모여든 사람들이 가꾼 미학의 마을로 정착되고 있다. 영국 가디언지도 이런 토트네스 마을 사람들을 가리켜 'AT(Alternative Type: 다인적 삶을 추구하는 사람)'라고 부르며 이 지역 주민 10명 가운데 1인은 'AT 맨'으로 추정하고 있다.

토트네스가 웰빙으로 자석처럼 전 세계를 아우르는 비결

이곳 마을 사람들은 토트네스는 수백 년간 '힐링(healing: 치유)'의 고장임을 잘 안다. 하이스트리트 한 구석에는 신묘하다는 샘물 '리치웰(Leechwell)'이 있다. 지금도 마을을 관통하는 다트 강변에는 명상캠프가 즐비하다. 그 한가운데 유서 깊은 책방 '악튜러스' 게시판에는 침술과 각종 대안 치료법 등 건강 관련 메시지가 즐비하게 걸려 있다. 마치 등산로에 아기자기 붙어 있는 산행 안내서처럼 말이다.

이처럼 정서적 웰빙은 '뿌리 지키기'와도 관계가 깊다. 전통을 살리자는 의미에서 매주 화요일 토트네스 상인들은 엘리자베스시대 전통의상을 차려입고 춤과 노래로 하루를 보낸다. 동네 할아버지와 소년들은 목검을 휘두르며 전통 스텝을 추가시킨다. 포트네스 인근 리버포드 농장에는 동네 청년 20여 명이 신나는 로큰롤 음악에 맞춰 토마토와 파를 포장하고 있다. 이곳에는 유기농으로 재배된 85가지 야채와 과일이 철 따라 박스에 실려 인근 가정과 업소에 배달된다. 소박하게 살겠다는 토트네스 마을 사람들은 더 이상 단순할 수 없는 '원시적 시스템'을 스스로 만들어서 이를 실천하고 있다. 돈으로 서비스를 사는 대신 재주와 능력을 주고받는 방법이다. 이를테면 요리나 청소를 해주는 대신 회계서비스를 받은 식이다. 이런 '지역경제교환 시스템(Local Economy Trading System)'은 1980년대 중반 토트네스에서 처음 시작되어 이제는 영국 전역으로 번지고 있다.

불가능에서 가능하게 만든 정신적 건강 메시지는 바로 '웰빙을 통한 건강예방'을 스스로 창조해서 실천자의 모습을 보였다. 각종 질병의 치료에 대해 '묵인된 토트네스 협약'으로서 힘을 받게 했다. 2012년을 열면서 이 웰빙 동네는 새롭게 유전자 변형식품을 몰아내는 데 마을 전체가 힘을 모으면서부터 더 많은 유명세를 얻어내고 있다.

3. 5대 만성질환의 경제비용은 47조 달러

2011년 9월 18일 세계경제포럼(WEF)은 미국 하버드대 보건대학원과 함께 연구한 '비장염 질환으로 인한 세계의 경제적 부담'이라는 보고서를 발표했다. 이 보고서에는 오는 2030년까지 5대 만성질환(암·당뇨·심장·정신·호흡기)에 들어갈 경제비용이 47조 달러(약 5경 3,400조 원)에 이를 것이라고 전망했다. 사망까지 이어지는 질병으로 인한 경제적 비용을 계량화한 것은 이번 연구가 처음이다(<중앙일보> 2011.9.20일자 참조). 거금 47조 달러에는 질환을 치료하는 데 들어가는 직접적 비용 말고도 치료과정에서 환자와 가족들이 받은 고통 등에 따른 생산성 감소와 손실 등을 포함했다. 이는 연간 전 세계 국내총생산(GDP)의 4%에 이르는 금액에 해당한다. 특히 이 가운데 정신질환은 16조 3,000억 달러이고 심장질환(15조 6,000억 달러) 등으로 조사되었다.

'착한 환자(患者)'가 된 건강 낙제인(落第人)

나는 지난해 10월 '착한 환자'가 되기로 작정을 했다. 그만큼 건강상 적신호에 대한 반성과 준비에 소홀한 점에서 기인한 바다. 앞에서 언급한 대로 모든 사물을 좋게만 보는 긍정자의 입장에서 보아도 내가 믿는 조물주의 섭리로서 채찍과 시련의 힘이 작용함을 느꼈기 때문이다.

슬픈 사연은 이렇다. 그러니까 올해 이른 가을 어느 날, 생애 처음으로 서울 삼성동에 소재 한 건강검진센터에서 이틀 동안 내 몸에 대한 종합검진을 받았다. 지금까지는 국민의료공단이 실시한 동네 병원에서 2년에 한 번꼴로 받았는데 그보다는 심층적인 건강 체크였다. 이제 칠순을 바라보는 나이에 접어들었으니 체계적이고 종합적인 건강검진이 필요하다는 가족구성원의 권유가 내 등을 민 것이다. 그러나 '혹시나가 역시나'였다. 생애 69년 동안 너무나 내 몸을 혹사한 그대로 모든 몸의 부분이 망가진 상태였다. 차라리 아프지 않은 곳을 찾기가 더 쉬웠다. 그만큼 온몸은 질병 종합세트였다. 간을 비롯하여 심장과 폐 등이 크게 손상되어 있었다. 가족력인 고혈압 치료를 위해 내리 20년간 노바스크 애용자(?)였으니 그게 화학적 치료제로서 내 간과 심장과 폐 등에 적잖은 피해를 가져온 모양이다.

종합검진 이후 열흘 만에 받아본 종합건강보고서에는 붉은색 일색이었다. 건강 소견서에는 하루빨리 제대로 된 종합병원에서 재진찰을 권하고 있었다. 모든 일정을 접고 집에서 가까운 종합병원으로의 출근(?)이 시작되었다. 각종 건강 테스트가 보름 이상이나 걸렸다. 우선 내 간에는 큰 부피의 혈흔이 발견되어 입원이 필요했다. 하지만 내 생각으로는 예순아홉까지 보듬고 살았는데 칼을 몸에 댄다는 것부터 거부감이 일었다. '지금까지 내 평생 큰 병원 신세 한 번 진 일이 없었는데 말년에 이르러서 이게 정말일까?' 결국 안정을 취하고 입원을 심각하게 고려할 수밖에 없었다. 이미 가족구성원들은 입원절차를 준비 중이었다. 그러나 만사가 뜻대로 이루어지지 않듯이 간경변증 초기에다 결핵까지 보태졌다. 여기서 큰 문제는 간의 각종 수치가 높아 이를 치료한 다음 결핵 치료에 들어가야 한다는 점이었다. 다시 종합해 보면 가족력인 고혈압과 간경변증 치료에 그치지 않고 결핵DNA 치료라는 종합세트 질병치료를 받아야 하는 어려움에 처한 것이다. 그래서 이 역시 전생에 내가 진 많은 죄를 업보로 인지했다.

또한 건강을 되찾을 몸도 칠십 줄에 들어서 있어 보통 문제가 아니었다. 잘 알려진 대로 현재의 결핵약은 성능과 효능에서 탁월하다. 그러나 너무나 약이 독해 자칫하면 위장장애로 이어지고 있다는 점이 큰 걱정이었다. 간세포의 안정화를 돕는 '레가론캡슐 140'과 결핵 DNA 치료제 '리포텍스캡슐'이 간 수치에 따라 증감하는 처방이 전제되어야 했기 때문이다. 그래서 지난해 가을과 겨울 동안 작심하고 투병의 한때를 보낼 수밖에 없었다. 선택의 여지가 없었다.

특히 나를 위해 새로운 식단을 만들어내야 하는 아내에 대한 미안함이 나를 반성시키는 계기가 되었다. 이로 인해 70년에 달한 내 몸의 혹사가 여기에 상응한 대가(또는 죗값)를 치르게 된 것이라 더 할 말이 없었다. 담당 교수는 "지금은 의술이 발달되어 있으므로 1차적으로 통원치료를 합시다"라고 처방하면서 내게 한 권의 만화책을 쥐여주었다. 그러나 그는 단 하나의 단서를 잊지 않고 덧붙였다. 일주일 후 위 내시경 검사과정을 통해 확실한 증세를 확인한 후 입원 가부를 결정하겠는 것이다. 이후 나는 그 만화책을 읽으면서 자신 스스로에게 명하고 있다. 최우선적으로 가족구성원을 생각해서 '착한 환자'가 되는 일이다. 한 권의 만화책이 그렇게 명령하고 있었다. 그 끝자락에는 '생을 정리'하는 일을 결심했다. 두 가지 측면에서 이제부터 무엇에 우선하여 자서전(自敍傳)을 써야겠다는 생각에 다시 노트북을 꺼내들었다. 다른 측면은 이 책 8장에서 계속 언급하겠지만 내 사랑하는 가족구성원이 된 손자와 손녀들에게 들려주고 싶은 할아버지의 얘기를 그대로 녹아내고 싶었다. 칠십 생애의 전 과정과 그 흔적을 출판공학이라는 형식을 빌려 이를 재발견하여 업그레이드시킬 필요성을 절감한 것이다. 이 책의 탄생에 얽힌 나만의 생각은 '착한 환자'가 되어야 했던 결정의 단초로 작용했음은 물론이다. 결국 내 슬픈 인생은 『지하철 6호선 승객이 이제 7호선 승객으로』로 태어났다. 결론을 내자면 지난해 종합병원의 신세가 없었다면 '슬픈 환자의 고백'과 같은 이런 책은 내 생각의 언저리에서만 맴돌았을 것이다.

4. 건강 빅모멘텀이 필요한 시대

그리스 헬스 코드를 다시 동진(東進)시켜 서울에 상륙하고 있다. 헬스 코드(health cord: 건강 힘줄)라는 고대 의학적 명제로부터 현대 서구 의술에 이르기까지 모든 과학적 의학 데이터를 동원시키기 위해서다.

예를 들면 미국 생물학자 헤이프릭은 여러 가지 동물실험과 인간 세포를 배양하는 실험을 한 결과, 인간 태아세포는 50회 분열한 뒤 멈춰버린다는 사실을 알았다. 그는 "인간 세포는 한 번 분열하는 데 평균 2.5년 걸리기 때문에 '2.5×50회=125세'가 인간수명이다"라고 결론 내렸다. 또 노벨 생리의학상을 수상한 일본 도네가와 스스무 박사는 "분자생물학이나 면역학 관점에서 인간이 적절한 영양을 섭취하고 적당한 운동을 하며 필요한 의학치료와 예방을 병행한다면 인간수명도 125세까지 연장할 수 있다"고 말했다.

그렇다면 장수비결은 무엇일까? 전문가들은 특별한 비책은 없고 '잘 먹고 잘 웃고 열심히 움직여라'라고 조언한다. 미국 보스턴대학교에서 건강하게 장수하는 사람들의 유전자를 조사한 결과 장수유전자에 영향을 미치는 것을 대강 네 가지로 요약했다. 균형 잡힌 식사를 비롯하여 적절한 운동습관, 스트레스 조절과 생활습관 관련 프로그램 실시 등을 발견해서 이를 제시하기에 이르렀다.

요시오의 하늘

이러한 과학적인 의학 데이터 못지않게 히포크라테스 후예들은 세분화된 인간질병에 따라 예방과 치료에 일생을 바치고 있다. 나의 위내시경 검사를 직접 담당했고 내 담당의사가 직접 건네준 책(만화책)에도 그런 얘기로 가득 차 있었다. 소아뇌질환을 치료하기 위해 일생의 전부를 건 명의(名醫) 다카하시 요시오의 감동실화를 다룬 만화 『요시오의 하늘』은 일반적으로 즐겁게 읽을 수 있는 만화와는 확연하게 구분된다. 특히 의사 다카하시가 만난 수많은 환자 가운데 유독 위험한 상태였던 두 아이의 이야기와 함께 개구쟁이에 불과했던 꼬마 다카하시가 어떻게 의사의 길을 걷게 되었는지를 보여주는 회상 장면이 퍽이나 감동적이었다.

태어난 지 한 달 만에 뇌수종 판정을 받은 고스케의 경우다. 반 정도의 뇌가 없는 채 태어난 시루베가 극적으로 다카하시와 만나면서 벌어지는 일은 생의 기적 그 자체였다. 꿋꿋하게 가난과 싸우며 꿈을 위해 한 걸음씩 나아가던 다카하시의 어린 시절도 감동적이지만 무엇보다도 내 가슴을 울린 것은 그가 환자를 치료하는 과정이다. 다카하시의 치료는 단지 수술이나 약을 처방하는 것만이 아니다. 절망에 휩싸인 부모를 격려하고, 치료로 힘들어 하는 아이에게 따뜻한 말 한마디를 건네는 것까지 포함된다. 이러한 다카하시의 모습은 차가운 메스로 대변되는 현대의학과 거리가 멀다. 왜냐하면 수년, 혹은 수십

년이 걸릴지 모르는 치료도 마다하지 않아서다. 실제로 그는 뇌질환을 앓았던 아이들이 치료를 통해 점차 제 힘으로 뭔가를 하나씩 이루어가는 기쁨을 알아서다. 그래서 다카하시는 절대 기계적으로 환자를 치료하지 않는다. 환자와 환자가족과 많은 이야기를 나눈 끝에 치료를 시작하고 수술 이후에도 그 관계를 이어간다. 무엇보다도 다카하시는 병을 치료하는 데 있어 부모와 아기, 아이와 의사의 삼각관계 설정을 합일시키는 것이 우선이라고 정리하면서 이렇게 강조하고 있다. '나 혼자서 치료하는 것이 아니다. 가능성은 모두가 함께 만들어간다. 부정적인 마음은 아무것도 변화시키지 못한다.' 그래서 나는 나의 담당의사가 이 만화책을 통해 무언의 지시를 위해 일부러 선물한 것으로 이해했다.

당신은 장수하고 싶은가

그리스 헬스 코드를 동진시켜 제시한 헬스 기대는 다음 세 가지로 요약해서 실천력을 보태면 불가능을 가능하게 해줄 수 있다. 첫째는 웃고 웃어라. 웃음은 부작용이 없는 치료약의 하나이기 때문이다. 물론 각종 질병의 예방에 특효가 있다고 히포크라테스 이래 모든 명의들이 한결같이 주문하고 또 주문한 본질적 예방 치료법이다. 둘째는 80%만 채워라. 장수인들의 공통적인 식단은 '자연식의 소식(小食)'이 기본적인 음식철학에서 비롯된다. 다만 여러 차례 음식을 나누어서 100% 용량을 채우는 것도 한 대안이 될 수 있다. 셋째는 꾸준한 운동이다. 하루 자신의 체력과 환경에 걸맞게 운동시간을 정해서 일상화하는 습관이면 최상이다. 가능하면 명의들은 매일 1.6km씩만 걸어도 수명 연장이 가능하다고 조언하고 있다. 1.6km 거리는 평균 보폭으로 걷는다면 2,000보에 해당한다.

　나 역시 늦깎이로 알게 되었지만 의성(醫聖) 히포크라테스는 "음식으로 고치지 못한 병은 약으로도 고치지 못하다"고 설파한 대목에 주목해 보면 웰빙 식단에 의한 건강관리가 필요함을 절실하게 깨달을 수 있다. 여기 덧붙여서 종국 전통의학에도 '약보불여식보(藥補不如食補)'라는 말이 있다. 이처럼 약보다는 음식으로 몸을 돌보는 것이 좋다는 얘기가 더욱 설득력을 얻고 있다.

5. 개인 게놈지도와 줄기세포의 무한도전

2400년 전 그리스 코드 섬에서 발아(發芽)된 헬스 코드는 지금까지 진행형이다. 화산도 진화하듯 헬스 코드 역시 부단한 노력에 힘입어 꾸준하게 발전 중이다.

지난해 11월 22일 자이드 다우드 알 식센 아부다비 보건청장을 비롯한 보건 관료들이 서울을 찾았다. 이들은 서울 삼성병원 등 모두 네 곳의 종합병원을 방문하여 한국 의술의 현주소를 눈으로 직접 확인했다.

그리고 올해 1월 첫 아부다비 난치병 환자를 삼성병원에 보내서 목하 치료 중이다. 국내외 언론매체가 이를 대대적으로 보도한 바 있다. 두바이에 진출한 삼성병원 의료진의 치료효과에 고무된 아부다비 정부는 지금까지는 싱가포르와 인도에 보냈던 자국 난치병 환자를 처음으로 한국으로 보낸 것이다.

아부다비 보건청은 자국 환자를 서울에 보내면서 개인용 게놈지도를 함께 딸려 보냈다. 이미 아부다비 정부는 1,000명에 대한 개인 게놈지도를 완성시켜 각종 질병치료에 임하고 있다. 지금까지 관행처럼

처리되어 왔던 일반건강진단센터의 검사과정이 대폭 간소화되는 효
과를 보고 있어 우리 모두를 놀라게 했다.

www.clinicaltrials.gov

이 인터넷 사이트는 전 세계 임상시험 현황을 일목요연(一目瞭然)
하게 보여주고 있다. 2011년 7월 1일자 현재 줄기세포 임상실험은
3,200개에 달하며 이 가운데 10%대인 350여 개가 상업화를 위한 3차
연구단계에 진입하고 있다고 발표했다. 줄기세포 치료제는 특정한 세
포로 분화가 진행되지 않는 줄기세포를 체외에서 배양 및 증식하거
나 선별하는 등 물리적·화학적·생물학적 방법으로 조작해 제조한
다. 따라서 줄기세포가 환자에게 투여되는 의약품으로 햇빛을 보기
위해서는 임상실험과 품질관리 기준 등을 거쳐야 한다. 임상 1상시험
은 건강한 사람이나 암 환자 등을 대상으로 초기 안정성을 확인하는
과정이다. 2상시험은 소수의 환자를 대상으로 약으로서 효과가 있는
지와 적당한 용량을 결정한다. 반면 3상시험에 이르러서는 다수의 환
자를 대상으로 유효성과 안정성을 확증하는 단계이다. 현재 한국에서
임상실험 단계에 있는 줄기세포 치료제는 모두 7개 업체 17개 제품이
다. 이 가운데 무릎연골결손 치료제 '카피스템(메디포스트사)'은 임상
3상시험까지 마치고 현재 식약청에서 품목 허가 여부를 심의 중이다.
에프씨비파미셀의 또 다른 줄기세포 치료제 '셀레셀그램-스트로크
(급성 뇌경색질환 대상)'도 3상시험 단계에 와 있다. 뿐만 아니라 오
바마 미국 행정부는 2009년에 배아줄기세포 연구지원을 허용하고 2
억 달러 규모의 지원계획을 수립한 바 있다. EU는 8개 국가 11개 연
구기관이 공동 참여하는 줄기세포연구 프로젝트를 현재 진행형으로

가동 중이다. 일본 역시 역분화줄기세포 등 재생의료연구에 109억 엔을 지원하기고 결정했다. 이처럼 의료 선진국들은 줄기세포 신약개발의 러시를 이루고 있어서 난치병 환자에게는 희소식이 분명하고 125세까지 인생설계를 원하는 사람에게는 복음이 될 수 있다.

치료제 개발을 위한 무한도전은 지금도 진행 중

지금까지 각종 질병의 치료로서 게놈지도의 이용은 극소수의 환자에게만 적용되는 의료기술이었다. 그러나 2010년부터 중국의 의료기술진은 개인용 게놈지도 상용화에 매달린 결과 미국의 1/10에 해당하는 가격구조로 이를 현실화시켰다. 이를 통해 앞에서 소개한 대로 아부다비 정부는 중동국가에서는 맨 처음 게놈지도 분석을 1,000명 에미리트들에게 실시해서 난치병 치료에 매우 적극적이다. 여기에 각종 난치병 치료에 복음이 될 줄기세포 치료제가 3상시험까지 거쳐서 사용이 현실화되면 이제 난치병과의 결별은 시간문제일 뿐이다.

실제로 사람의 몸은 심장과 폐와 대장 등 각종 장기로 구성되어 있다. 이런 장기들은 약 300종의 세포들이 만들어내고 있다. 피부를 만드는 세포로부터 연골과 혈액 등을 만드는 세포에 이르기까지 다양하다. 세포 수로 따지면 50조 개에 달한다고 한다. 이런 일반적인 세포와 다른 게 있다. 바로 줄기세포(stem cell)이다. 줄기세포는 특정세포에 속하지 않는 원천세포를 지칭한다. 줄기세포에서 피부세포와 혈액세포와 신경세포 등 각종 특정세포로 분화한다. 이해를 돕는다면 빵도 과자도 빈대떡도 만들 수 있는 '반죽상태'다. 나무둥치에서 여러 가지가 뻗어나간다는 의미의 줄기세포라는 이름도 여기에서 나왔다. 미분화(未分化)된 상태의 줄기세포는 기본적으로 모든 세포로 자랄

수 있는 분화능력을 갖추고 있기 때문에 현대 의학은 이를 주목했고 동시에 이를 상용화시켜서 인류 건강을 위한 진흥책에 기대를 걸게 만들고 있다. 각종 질병에서 예방과 치료에 대한 우선조건을 따지기에 앞서 병마에서 자유로운 행복한 삶을 선사하기 위해서다.

최근 나는 간경변증과 결핵을 치료하는 동안 운동 삼아, 소일 삼아 가는 곳이 한 군데 더 늘었다. 가까운 화장터 순례다. 예행 연습하듯 자주 가고 있다. 바로 내가 가야 할 곳으로 인지하였기 때문이다.

07
누구나 다 가는
그 길을 따라

1. 고인돌에서 놀던 아이들

청초 우거진 곳에 자는다 누었는다
홍안은 어데가고 백골만 누었는다
잔잡아 권할이 없으니 그를 슬퍼하노라

이 시(詩)를 쓴 조선조의 선비 임제(林悌)는 선조의 명을 받아 중국의 사신으로 가는 길에 명기 황진이의 무덤 앞에 한 잔의 술을 부어주며 이 시조 한 편을 바쳤다. 하지만 임제는 이 시 한 편으로써 삭탈파직을 당했다. 아무리 황진이가 당대에 이름난 시인이요, 절세미인이라고 해도 그녀는 천하고 천한 기생에 불과하였다. 임제는 결국 죽은 무덤에다 그 애정을 고백한 사내였기에 그 시는 시공을 넘어 오늘까지 전해지고 있다.

선비로서 철저하게 교육을 받고 자랐을 그가, 그것도 왕명을 받들고 가는 신하된 신분으로 어찌 살아 있지도 않는 기녀의 무덤에서 용감하게 애절한 심중을 고백했을까? 설령 그가 39세에 요절하지 않고 천수를 누리며 권세와 영화를 누렸다고 하더라도 이 시조 한 편을 남기지 못했다면 어찌 그를 알았을까?

그는 삭탈 파직된 후에도 평소 만나고 싶었던 황진이의 흔적을 더듬어 방황하는 길을 택했다. 세인들의 비웃음에도 당당하게 송도의 곳곳을 떠돌며 황진이를 찾고 그를 그렸다. 아마도 수려한 송악산 기슭과 웅장한 박연폭포 절경에서 더더욱 황진이를 그리고 안타까워했을 임제를 상상하면 황진이의 무덤은 그냥 무덤이 아닐 수 있다. 나와 네가 언젠가는 가는 황천길에서 응당 묻어야 하는 무덤이기에 오늘따라 황진이의 무덤이 그렇게 슬프거나 불행스럽게는 보이지 않고 있다. 왜일까?

고인돌이 내 유년시절에서는 놀이터였다

고백하건대 나의 유년시절을 회상할 때 맨 먼저 떠오른 일은 '놀이터=고인돌'이다. 국민학교(지금의 초등학교) 6년 동안 나는 외가댁 동네에서 살았다. 그리고 국민학교 6년을 그곳 미력(彌力)국민학교에서 마쳤다. 그래서 적잖은 친구들과 철없이 온 동네를 쓸고 다니면서 놀았고 공부도 하면서 살았다. 그런데 워낙 시골이라 노는 장소가 변변하게 있을 턱이 없다. 그나마도 외가 동네 바로 앞에 섬진강 원류가 되는 보성강(寶城江)이 흐르고 있어 이른 봄부터 늦가을까지 그곳에서 물고기 잡이와 수영을 즐겼다. 그 덕에 일찍이 수영을 배웠다. 물론 제대로 된 수영교육과는 거리가 멀다. 게다가 물놀이 수준의 수영을 하다가도 우리 또래 친구들은 강변 농토에서 늘 편하게 자리를 잡고 있는 큰 돌 위에 앉거나 누워서 수영복 대신 입었던 팬티를 당일 말려서 다시 입고 집에 가는 게 당시의 소일거리요, 유일한 낙이었다. 진하고 진한 추억의 레퍼토리다. 만에 하나 그 큰 돌이 고인돌이라고 알았다면 감히 그곳에서 놀거나 눕는 일은 없었을 것이다. 고맙게도 어느 누구도 이를 가르쳐주지 않아 내리 6년 동안 고인돌은 우리 놀이세계의 전부이자 동시에 으뜸이었다.

7호선 승객이 된 지금의 나에게 무덤에 대한 공포는 이미 전설의 노래로서 다가왔다. 투병생활을 하면서 자주 가는 곳 중 하나가 바로 공동묘지와 화장터이기 때문이다.

기생 황진이의 절창(絕唱)은 오늘도 무덤을 넘나들고

기생 황진이의 무덤에 시 한 수를 바친 임제는 황진이를 위한 절창(絕唱) 한 수를 지어서 읊조리다 39세 요절을 마다하지 않았다. 얼마나 고고한 죽음이고 인생 마감인가? 오늘날까지 절창으로 남아 있는 그 음률을 다시 읊조리게 한다.

방초 우거진 고을에 인적은 간데 없네
가대무전(歌臺舞殿)이 어디어디 어디메뇨
석양에 물찬 제비야 너나 알려 묻노라

2. 몽마르트르 언덕에는 에밀 졸라 묘좌(墓座)만 남고

조선조 선비 임제가 당대 명기였던 황진이의 무덤을 찾아서 올렸다는 농주(農酒)는 지금의 막걸리와 비슷한 술이다. 일제강점기에는 일반인이 술을 빚지 못했지만 조선조에는 사대부 집안과 목로주점에서 어렵지 않게 농주를 만들어 마셨고 또 팔았다. 목로주점에서 팔렸다는 농주의 추억을 안고 나는 파리 몽마르트르 언덕에 오른다. 에밀 졸라가 집필한 『목로주점』(L'Assommoir)에 얽히고설킨 주인공들과 함께 비록 한때나마 묻혀 있었던 그의 묘지를 향해서……

에밀 졸라가 한때 잠들어 있었던 몽마르트르 묘지

파리 시내에는 큰 공동묘지가 세 군데가 있다. 페르 라셰즈를 비롯하여 몽파르나스와 몽마르트르 등이다. 모두 시가지 한복판에 자리잡고 있어서 사자(死者)들뿐 아니라 살아 있는 사람들에게도 안식(安息)을 주는 구실까지 겸한다. 그래서 몽마르트르를 얘기하자면 무덤을 배제하는 것은 예술가에 대한 불경 그 자체이다. 지금도 몽마르트르 언덕에는 무명의 화가들이 진을 치고 자신의 예술작품으로 연명하는 곳으로 이해되고 있지만 더 깊게는 숱한 예술인 묘지의 천국이 바로 몽마르트르의 현주소다.

특히『목로주점』이라는 불세출의 명작을 남긴 에밀 졸라의 묘지에 얽힌 추억은 내게 긴 삶의 여운과 함께 가까운 내일에 잠들 나를 재발견하기에 안성맞춤이다. 다음에 소개할『춘희』의 뒤마 피스까지 보태면 그야말로 살아 있는 묘지의 전설로 제격일 것이다.

에밀 졸라와 목로주점

자연주의(自然主義) 대표작가인 에밀 졸라(Emile Zola, 1840～1902년)는『목로주점』을 통해 자연주의 문학에 르네상스를 맞게 했다. 제르베즈라는 한 세탁녀의 행복과 불행을 파리 노동자의 거리에 있는 술집을 배경으로 그린『목로주점』은 처음으로 민초의 다른 이름인 하류층 사회를 적나라하게 들추어낸 작품이다.

에밀 졸라는 파리에서 태어났으나 남프랑스의 엑스 프로방스에서 자랐다. 그는 어려서 부친을 잃고 18세 때 천민 출신인 모친과 함께 파리로 나온다. 무프타르와 생 자크 등 거리의 지붕 방 밑에서 어려운 생활을 했다.『목로주점』제10장에서 작가 자신의 쓰라린 기억이 많이 재연되어 있다. 졸라가 생계를 위해 학업을 중단하고 취직했던 라탱의 아세트 서점은 지금도 문을 열고 있어 그의 어두운 시절을 생각나게 해 안을 기웃거리게 된다.

과학자가 실험하듯 소설을 써야 한다는 자연주의(自然主義)의 작가 에밀 졸라는『목로주점』을 쓰기 위해 파리 북변의 빈민촌인 구트도르 거리 일대를 직접 답사하면서 치밀한 관찰과 정밀한 조사를 병행했다. 그는 자연주의 작가답게 이 거리에 살고 있는 민초들의 옷차림

하나하나를 노트에 옮겼고 이들의 속어도 메모하고 무거운 빨래 광주리를 든 여인들을 스케치하여 이를 소설에 그대로 녹여냈다. 동네의 술집 '구트도르'라는 카페는 들어가 보면 제르베즈의 남편 쿠포처럼 술에 절여진 민초들을 얼마든지 볼 수 있다. 소설에서 제르베즈가 창밖으로 내다보던 아카시아 나무는 지금도 그대로 계절마다 다른 색깔을 내보이고 있다. 에밀 졸라는 몽마르트르 묘지에 묻혔다가 1913년 프랑스 위인들의 묘소인 파리 시내의 팡테옹으로 옮겨졌고 이를 기리기 위해 몽마르트르 언덕에는 묘좌(墓座)만 남겨두었다.

3. 그리스 신전을 모방한 『춘희』의 뒤마 피스 묘지

　우리나라 속담에 '꿩이 아니면 닭이다'라는 말이 있다. 없는 꿩을 찾기보다는 있는 닭이 더 실용성이 높다는 얘기이다. 모처럼 큰마음을 먹고 찾았던 에밀 졸라의 묘지는 묘좌만 남겨두고 이미 다른 곳으로 이전한 뒤라 이를 모르고 찾은 이방인에게 실망감만 가득 채웠다. 대신 우리에게 친밀한 『춘희』(La Dame aux Camelias)의 순애보(純愛譜)에 끌려 프랑스 작가 뒤마 피스의 무덤으로 발걸음을 옮겼다. 프랑스 작가 뒤마 피스의 무덤이다.

　들던 대로 몽마르트르 묘역 15구에 있는 뒤마 피스의 묘지는 꽃 치장으로 가득했다. 그러나 하얀 대리석 관대(寬大)는 이끼가 끼어서 오랜 세월을 느끼기에 충분했다. 그 옆면에는 '여기 1824년 1월 15일 태어나 1847년 2월 3일 죽은 알퐁신 플레시가 누워 있다'고 새겨져 있다. 알퐁신 플레시는 나중에 마리 뒤플레시로 이름을 바꾼 춘희의 본명이다.

스물세 살의 인생

뒤마 피스의 소설 춘희(春姬-동백꽃)는 실제 인물이다. 뒤마 피스의 소설은 작가가 춘희와의 사랑을 고백한 것이고 소설 속의 아르망 뒤발은 절반 이상이 자신이다.

소설에는 춘희를 일단 가매장했다가 현재의 자리로 이장하는 장면이 나온다. 실제가 그렇다. 이 묘역을 사서 옮겨준 사람은 춘희가 죽기 1년 전에 런던에서 비밀 결혼한 페레고 백작이었다. 고작 스물세 살의 나이로 이승을 등진 춘희는 항상 동백꽃을 달고 다닌다고 해서 붙은 이름이기도 하다. 폐병을 앓던 춘희는 냄새 있는 꽃이 싫어 향기가 없는 동백꽃을 좋아했다. 뒤마 피스가 동갑 나이인 춘희를 처음 본 것은 18세 때인 1842년이었다. 파리 시내의 부르스광장 앞이었다. 춘희는 당시 파리에서 가장 유명한 고급 창녀였다. 젊고 예뻐 남자를 수시로 갈며 많은 선물을 받았다. 춘희는 항상 연극 초연(初演) 날만 골라 극장에 자주 갔고 대개는 무대 앞쪽의 칸막이 좌석에 흰 장갑을 낀 손에 동백꽃을 들고 앉아 있었다. 반드시 귀족이나 부자 한 사람씩을 동행했다. 뒤마 피스 역시 이 춘희를 20세 때인 1844년 가을 바리에테 극장에서 정식으로 대면했다. 파리 몽마르트르 거리에 있는 바리에테 극장은 지금도 그 자리에 건재하고 있다. 뒤마 피스는 바리에테 극장에서 춘희를 만나는 날 밤 소개해준 친구와 함께 춘희의 집으로 갔다. 소설에 나오는 당탱 가(街) 9번지가 생생하게 그려져 있었다. 그리고 어느 날, 집에 돌아온 춘희는 하녀를 불러 밤참을 시키고는 피아노 앞에 앉아 서투른 솜씨로 감상적인 곡을 쳤다. 그러다가 너무 웃는 바람에 기침이 발작하여 화장실로 달려갔고 이어서 뒤마 피스가 뒤따라 들어가 사랑을 고백했다.

뒤마 피스가 직접 소설을 각색한 오페라 <춘희>는 이 아파트 장면에서부터 시작된다. 병상의 춘희는 아베 프레보의 『마농 레스코』와 루소의 『에로이즈』를 즐겨 읽었다는 얘기는 사실 확인에 앞서 파리지엥들이 그들의 문학작품을 업그레이드시킨 점이 농후하다.

르 카멜리아(동백꽃)

소설 『춘희』에서 아르망 뒤발과 마르그리트 고티에(춘희)는 센 강변의 부지발에 집을 얻어 열애의 한 시절을 보냈다. 부지발에는 현재 '르 카멜리아(동백꽃)'라는 식당이 있어서 뒤마 피스와 고티에가 자주 왔던 곳이기도 하다. 그러나 실제로 두 사람이 같이 산 곳은 슈발블랑에 가까운 앙리 4세의 빌라였다. 이 빌라는 뒤마 피스의 부친인 두마 페르가 『몽테크리스토 백작』을 집필한 곳으로 더 유명하다. 지금도 프랑스 국립 극장인 코미디 프랑세스에 가면 춘희가 의사에게 보낸 편지를 볼 수 있다. 또 문헌상에서도 뒤마 피스는 춘희가 죽은 뒤 몽마르트르 묘지로 옛 애인의 묘지를 자주 찾아갔다고 전하고 있다.

『춘희』를 연극으로 각색하면서 서러움에 겨워 이 무덤 앞에서 실컷 울었다고 한다. 그 뒤 뒤마 피스가 죽자 춘희의 무덤에서 100m가량 떨어진 곳에 묻혔다. '내가 죽거든 빨간 가장자리의 무명베 셔츠에 평상복으로 입히고 발은 맨발로 두어 달라'는 유언에 따라 조각되어 발이 맨발이다. 아무튼 뒤마 피스의 석대 위 맨발을 보면서 묘지가 주는 감상은 시대를 넘고 공간을 초월하여 우리 인생이 누구나 가는 그 길이기에 발의 의미는 한층 정답게 느껴지기 시작했다. 그래서 꿩 대신 닭, 아니면 닭 대신 꿩을 이등분하기보다는 순애보에 이르는 '사랑'을 보태서 합일(合一)의 경지에 이르는 길로서 그 길을 따라가면 생의 유종미도 함께 이룰 것 같은 생각에 한참 동안 울먹이고 서 있는 자신이 그렇게 정겹게 보인 것은 내 생애에 처음이었다. 이제 늙어서 겨우 속이 든 것이리라.

4. 나도 거칠 그곳, 서울 원지동 추모공원

2012년 2월 어느 토요일. 간밤의 일기예보는 쾌청이었다. 그래서 자주 가던 청계산 산행을 준비해서 집을 나섰지만 그게 아니었다. 우선 건강이 따라주지 않았다. 마음은 가고 싶었지만 희망사항에 불과하였다. 날씨마저 잔뜩 흐려 다시 발걸음을 돌려 찾은 곳이 바로 서울 청계산 밑자락 원지동 추모공원이었다. 하긴 언젠가는 나도 가야할 그곳이기에 예행연습을 삼아 가는 것도 필요할 것 같아서 돌린 발길이다.

밖은 동네공원, 안에는 미술관

소문대로 원지동 추모공원은 수도 서울의 장례문화를 업그레이드시킨 장소다웠다. 서울시는 지난해 12월 14일 준공식을 치렀고, 오는 5월에 정식 영업에 들어간다고 한다. 바깥 날씨가 아직은 을씨년스러웠지만 단장 준비로 바쁘게 돌아가고 있었다. 서울 추모공원은 3만 7,000㎡ 부지에 조성된 한국 최초의 도심지역 화장시설이다. 최첨단 기계설비에 친환경적으로 지어진 추모공원은 화장로 11기를 갖추어서 하루 최대 65구의 화장처리가 가능하다고 한다.

추모공원 입구에는 간판이 붙어 있었지만 내부시설은 전혀 보이지 않았다. 지표면에서 12m를 파낸 뒤 건물을 지었고 동시에 주변에는 나무를 심었기 때문이다. 입구를 지나니 곧바로 추모공원 건물로 이어지는 전용터널이 나왔다. 이 터널은 외부에서 드나드는 차량을 볼 수 없도록 하기 위해 만들었다고 한다. 2층짜리 추모공원 건물 내부는 미술관처럼 꾸몄다. 건물 중앙에는 연못과 꽃 모양의 조각 작품이 눈에 띈다. 특히 유족들이 고인과 이별하는 '이별실'을 보는 순간 '내가 한 번은 있을 그 자리가 저기구나'라는 생각에 잠시 걷는 발걸음이 멈춘다. 내 비록 시한부 인생이 아닌데도 잠시 체류할 그곳이기에 연민과 감정이 교차하는 것은 어쩔 수 없었다.

세 사람의 서울시장과 14년의 공사기간

언론보도에 따르면 원지동 서울추모공원 준공식이 있기까지는 역대 서울시장을 세 번이나 바꾸면서 가능했다. 고건 전 서울시장 시절인 1998년 북쪽으로는 서울시립승화원(벽제)이 있기 때문에 강남지역에 추모공원이 절실했고 결국 부지는 청계산 끝자락 원지동으로 잠정 결정을 보았다.

이때부터 원지동 추모공원 추진의 험난한 길이 시작되었다. 원지동 일대 8개 마을주민 수백 명이 시위에 나섰고 2002년에는 서울시와 국토해양부를 상대로 추모공원 건립을 반대하는 소송을 제기했다. 2007년 4월 서울시는 대법원 승소 판결을 받으면서 숨통이 트였다. 오세훈 전 시장은 당선 후 가장 어려운 과제 중 하나로 꼽혔던 추모공원 설립을 임기 내에 마치겠다고 발표했다. 오 전 시장은 추모공원을 세우는 대신 국립의료원을 이전시키고 주민들에게 편의시설 운영권 등을 넘겨주면서 주민들의 마음을 돌려놓았다. 또 서울시는 추모공원 사업이 계획된 이후 430여 차례에 걸쳐 주민을 만났고 기본계획수립 후 12년 뒤인 2010년 12월이 돼서야 착공에 들어갔다. 이러한우여곡절을 거친 원지동 추모공원의 준공식 거행에 즈음하여 언론은이렇게 헤드라인을 장식했다.

'시장 세 명 거쳐…… 마침내 빛 본 도심 화장시설.'

내가 만약 시인이었다면

을씨년스러운 바깥 날씨에서 찾은 원지동 추모공원의 이별실을 보는 순간 과연 내가 시인이었다면 어떤 시심이 일었을까? 열에 아홉은아마 이런 것이리라. '가노라 삼각산아! 다시 보자 한강수야!' 그렇다고 해도 내가 가는 마지막 길은 여기가 아닐 터다. 여기 화장로 11기가운데 하나에서 내 시신이 산화되어 한 줌의 재가 되어도 또 거칠곳이 있다. 그 잿빛 유골가루를 한강에 뿌리는 일이 내 가족구성원에게 짐을 지울 마지막 수고여서 그렇다. 평소 그렇게 작정하고 살았기에 다른 대안이나 망설임은 있을 수 없다. 한때나마 중국을 호령하던등소평도 화장 후 강에다 유골을 뿌렸으니 나 역시 그렇게 하는 것도감지덕지할 수밖에 없다.

그리스 신전을 모방한 뒤마 피스의 묘지에도 세월의 흔적에 의해이끼가 끼고 들고양이가 둥지를 틀고 있는 장면이 떠올라 이미 한강행은 가변이 아닌 불변이 되었다. 다만 그 불변의 자리에 '나의 70년생애'를 추스르는 일이 더 중요할 것 같다. 바로 다음 제8장에서 다시만나보자.

08
조부(祖父)의 선행비가
서 있는 수반마을

1. 6·25전쟁과 미국 북선교회와 도개교회 설립

말소된 내 호적초본을 들여다보면 내 70 평생은 이렇게 시작되었다.

본적: 전라남도 보성군 웅치면 용반리 565번지
출생: 여수군 여수읍 서정(西町) 1294번지에서 출생
부: 임태형(任泰亨)
모: 박단요(朴만要)

내 고향은 웅치면 용반리 565번지이지만 출생지는 아니다. 그래서 내가 한 번도 살아본 적이 없다. 다만 조부의 호적과 부모의 호적이 거기에 있어서 그냥 고향이 되었다. 그러나 내 부모님의 묘가 용반리 수반부락 뒷산에 자리를 잡고 있기 때문에 암묵적인 고향이 될 수밖에 없다. 내 부친 임태형께서 48세에 이승을 등지면서 우리 집은 어쩔 수 없이 같은 관내 미력면 도개리 외가댁으로 거처를 옮기게 된다. 내 나이 네 살이었다.

그때까지 부친께서는 여수 서정 소재 천일고무신공장 경영진 중 한 사람이었다. 원래 천석궁 둘째아들에다 당시 고등교육까지 받아서

일찍이 산업화의 젖줄인 고무신공장의 주주가 되었다. 그것도 일본인과 함께 경영진으로. 너무나 복이 과한 탓인지 마약에 중독되어 타계하시게 되고 결국 우리 식구 네 사람(모친과 두 누나, 그리고 나)은 고향 수반이 아닌 외가로 거처를 옮기게 된다. 먼 훗날 내가 사회인에 되었을 때 모친과 두 누나의 얘기를 종합해보면 큰 누이는 이미 고무신공장의 경리직원과 결혼해서 출가상태였다.

대농의 외가댁에서 6·25전쟁을 겪고

분명히 내 성은 '장흥 임(任)씨'인데도 중학교에 입학할 때까지는 '함양 박(朴)씨'로 알고 살았다. 대농(大農)이라 일하는 머슴만도 다섯이 넘었고 또한 그들 식구마저도 한집에서 살았기 때문이다.

외할아버지 자함은 박맹종(朴孟鍾)이시고, 외할머니는 이가내(李可內)이시다. 특히 내 외조모인 이가내 여사는 여장부였다. 족히 삼십이 넘는 식솔을 거느리시고 장터 같은 생활을 잘도 영위하신 여걸이시었다. 내 외가는 딸 셋에 아들 넷을 두었다. 당시에는 두 아들은 보성 읍내에 사셨고 세 딸은 이미 출가한 다음이었다. 큰딸인 내 모친만 식솔 세 사람을 데리고 외가에 들어온 셈이다.

1948년이었다. 다음에 들어서 확인한 사실이지만 한문에 해박한 외조부님은 첫딸인 내 모친을 낳고는 더 이상 딸이 생기지 않기를 바라는 의미에서 이름을 '단(單)과 요(要)'로 지어서 여식의 마지막을 기원했다. 그러나 현실은 그게 아니었다. 내리 두 딸과 네 아들을 낳았으니 이름 하나만으로는 그게 해결이 되지 않는 모양이다. 졸지에 과부가 된 모친은 아마 많은 방황과 연민에다 자식들 양육에 적잖은 시름 속에서 긴 낮과 긴 밤을 지냈을 터다. 그것도 모르고 자란 나는 미취학년 때부터 동네 또래들과 함께 외가댁 논밭에 드문드문 뉘어 있는 고인돌 위에서 살았다. 놀이문화의 개념이 없던 당시의 또래 놀이문화가 그것이 전부였기 때문이다. 국가적으로도 일제강점기를 거치는 와중이라 혼란과 무질서의 세상이지만 대농의 집안이기에 그런대로 호구지책에는 별 문제가 없었다. 그리고 6·25전쟁을 맞은 한국은 일대 혼란과 정치적 이데올로기 사이를 헤매게 된다. 남도의 끝자락인 외가도 예외가 아니었다. 나 역시 미취학생이기 때문에 알면 얼마나 알겠는가만은 경기도 김포읍에 시집간 둘째누나의 매부가 다른 한 친구까지 데리고 전쟁을 피해 외가까지 내려온 것을 기억하고 있어 전쟁을 실감하였다.

도개 교회 설립과 급조 유아세례까지 받고

전쟁이 가까스로 끝이 나고 나도 모친의 손을 잡고 미력국민학교에 입학하게 되었다. 내 나이 일곱인 1951년 4월이었다. 당시 미국 북선교회 소속 선교사들이 대거 외가 동네까지 선교활동의 영역을 넓혔다. 평양은 미국 남선교회가 맡았다. 젊은 과부는 선교사의 설교를 듣고 새로운 종교관에 심취(?)하게 된다. 내가 사회인이 되었을 때 전통적인 유교 가정에서 자랐는데 기독교를 받아들인 이유를 물었다. "그게 말이야, 선교사님 말씀이 가슴에 와 닿았거든. 그들의 설교에서 이런 말씀이 있었지." 코 큰 선교사는 어머니를 비롯한 동네 사람들을 상대로 한 설교에서 찰떡의 비유를 하셨다. 큰 손에 찰떡을 가지고 있는데 누가 와서 달떡을 만들어주겠다고 한다. 그래서 호기심으로 떡을 주었더니 요리조리 입으로 뜯어 먹고는 반달과 같은 떡을 만들어서 되돌려주었을 뿐이다. 이를 이상하게 여긴 이들에게 다시

"그렇다면 이번에는 내가 꿀떡을 만들어줄까" 했다. 다시 달떡을 내밀자 그는 입에 넣고는 "이게 꿀떡이지 뭐" 하면서 모두 목에 넣어버렸다. 그리고 선교사는 이게 바로 일본이 조선을 집어삼킨 일과 같은 이치라고 부언 설명했다는 것이다.

간단한 비유가, 너무나 간단한 설명에 감격한 내 모친은 기독교의 '기(基)'자도 모르는 채 크리스천의 길로 들어섰다. 전도용 성경을 읽기 시작한 것이다. 그리고 6km나 떨어진 보성읍 내 교회를 다니기 시작했다. 크고 작은 고개 두 개를 넘어야 이를 수 있는 산길의 연속이었는데도 말이다. 큰 집회가 있을 때는 꼭두새벽 기도회도 마다하지 않고 다니는 열성 신자가 되어갔다. 이를 지켜본 외조모님은 큰딸의 신앙심에 대한 기대보다는 신변의 안위를 걱정해서 외조부님을 설득하여 교회를 세우는 데 이르렀다. 우선적으로 도개부락 소재 임(任)씨 대궐 기와집 사랑채를 얻어 종만 달린 '도개 교회'를 열게 되었다. 지금의 도개 교회 시초다. 순천 장로교 노회의 지원을 받고 동네 공터에 지금의 도개 교회가 건립된 것은 그다음 일이었다. 동시에 나는 급조 유아세례 교인이 되었다. 부모가 함께 교회에 다녀야만 유아세례를 받을 수 있었지만 당시에는 교세 확장을 위해 부모 가운데 한 사람만 교회에 다니면 미국 북선교회에서는 그렇게 쉽게 유아세례를 주었다고 한다.

2. 전라남도 보성군 웅치면 용반리 수반마을의 선행비(善行碑)

내 고향 웅치면사무소에서 3km 떨어진 곳에는 수반(水盤)마을이 있다. 우리 조상들이 내내 살았던 곳이다. 그 마을 초입에는 2m 남짓한 비석이 서 있다. 내 조부인 '철(喆)'자, '현(鉉)'자 성함의 선행비(善行碑)다. 세월의 흔적에 이미 노출되어 자연의 비와 바람에 모진 인고의 시간이 여기에 멈춰 있다.

작고하신 어머님으로부터 듣는 얘기로는 그의 시아버지뻘인 내 조부님은 그의 아버지가 머슴으로 이룬 재산을 잘 관리하면서 수반마을 사람들을 기아에서 많이 구해주셨다고 한다. 이를 위한 기념비이기 때문에 키가 작고 모양과 비문 역시 촌스럽기 이를 데 없다. 하지만 우리 조상들이 살았다는 흔적이 그대로 녹아 있음은 분명한 사실에 속한다. 특히 내 조모님인 조유치(趙有治-옥호 장흥 유치댁) 어른은 마을 사람들을 부모처럼 돌보아주는 일에 달인이었다고 한다. 그러니까 내게는 외조모님이신 이가내(李可內-옥호 문덕 가내댁, 서재필의 외가), 그리고 일찍이 지아비를 잃고 기독교에 귀화하신 어머니 박단요(朴單要-옥호 여수댁) 등 이 세 사람의 은덕이 크다는 점을 잊지 않고 살았다.

그러나 일제강점기에서 시골 부자는 항상 질타의 대상이 되면서 가세는 쇠약일로를 겪고 결국 우리 조상들은 비운 끝자락에 서고 말았다. 그 과정에서 수반마을 사람이 이를 기리기 위해 세운 비만 남은 셈이다. 고대광실 집은 보성 세도가인 이씨 집에서 통째로 뜯어가 자신의 집을 세웠다. 하긴 우리 오천 년 역사를 통해 보면 왕년에 왕족과 귀족이 아니었던 이는 아무도 없었듯이 고대광실 임부잣집 후손은 정말 아웃사이드에 머물 뿐이었다.

다시 과거를 돌이켜보면 중학교 입학과 고등학교 입학에 필요한 호적을 떼기 위해 한 번은 어머님과 함께 웅치면사무소에 다녀오는 길이었다. 보성읍내 초입에서 먼발치로 보이는 큰 기와집을 가리키면서 "저게 너의 조부님 집이었지……" 하면서 과거를 회상하신 눈가에 물기가 고였다.

수반마을 앞에서 세워진 세 개 비석의 부조화

내가 사회인이 되어 자립하는 과정 이전에 있었던 일이다. 조부님의 비석이 서 있는 바로 옆에 큰 비석이 세워졌다. 새로 탄생한 신흥부자가 자신과 자신의 가문을 기리기 위해 조부님 비보다 두 배 크기의 비가 세워졌다. 수반 동네에서 자취를 감춘 임씨 일가 대신 신흥부자의 출현이야 많을수록 좋은 일이다. 거기까지는 이해가 간다. 하지만 이를 본 나의 작은댁 형이 스스로 공사비를 대고 그 선행비와 동네 유지의 치적비 사이에다 또 다른 조부님의 비를 세웠다. 한눈에 보아도 너무나 부조화의 극치였고 동시에 어린 마음에 상처를 남겼다. 만에 하나 내가 성인이었다면 작은집을 설득할 수 있었을지 모르지만 그 당시에는 광주에서 고등학교를, 그것도 낮에는 광주 충장로 5가 남의 집 문방구점에서 일하고 밤에 나가는 광주상고 1학년 재학 중이었다. 부조화의 개념도 없었지만 어린 마음에는 자비의 비석보다는 마을 사람들이 세운 그 비가 더 좋았을 것으로 생각이 미쳤기 때문이다.

조부모님 내외와 부친과 모친의 세 묘지를 수반마을 뒷산에 묻고

성인이 되어 처음 한 일은 부친을 따라 여수에 내려오신 조부모님과 부친의 묘를 고향 선산에 이장하는 일이었다. 여수 만성리 공동묘지에 묻힌 네 기의 무덤을 세 기로 만들어서 이장을 완료했다. 그리고 20년 후 이승을 등지고 아마 천당에 가실 어머니의 묘도 아버지 묘역 옆에다 안장시켜 드렸다. 모든 이장절차를 생활기반이 있는 서울에서 행하는 과정은 외아들의 책무로 알고 시작한 일이지만 여간 번거로운 일이 아니었다. 더욱이 서울에서 나서 서울에서 생활한 아들과 세 딸들이 이를 기리기 위해 전라도 보성까지 내려오는 일은 힘든 성묘가 될 것 같았다. 지금은 모든 교통이 사통팔달로 잘 발달되었지만 1980년대 전라도 교통 인프라 구축은 상대적으로 빈약했었다. 그래서 나는 아내와 상의해서 화장을 택하는 것이 자식들에게 편익이 될 수 있음에 합의했다.

지하철 6호선 승객이 이제 7호선 승객으로

3. 가난했다, 못 배웠다, 허약했다

고백하건대 내가 7호선 승객이 되기까지 가슴에 묻고 이를 금과옥조로 삼은 것이 있다면 서슴없이 이렇게 요약할 수 있다. '가난했다'와 '못 배웠다'와 '너무나 허약했다' 등이다. 이 세 가지 원칙은 본래 아웃나라 일본에서 '경영(經營)의 신(神)'으로 추앙받고 있는 마쓰시타(松下)그룹의 창업자 고(故) 마쓰시타 고노스케가 그의 자서전에서 밝힌 내용이다. 나와 너무나 닮은꼴이라 그의 자서전을 읽고 그냥 내 것으로 인지해 지금까지 가슴 깊게 묻고서 살아왔다. 따지고 보면 앞에서 소개한 그대로 나 역시 여기에서 오십보백보였다. 결국 내가 그의 철학을 차용한 것이 아니라 그가 나를 지배한 것으로 받아들었다. 이를 통해 나는 많은 것을 얻었고 또 배웠다. 학벌과 재벌과 문벌이 득세하는 한국 사회에서 내놓을 것이 전혀 없는 내가 그래도 기죽지 않고 자기 목소리를 가질 수 있는 자양분은 마쓰시타 고노스케의 생활철학에 배운바 크다. 마치 내놓을 자랑거리가 없으면 그것만으로도 더 이상 기가 죽거나 망설임이 일지 않아서다. 있는 그대로의 정공법으로 일을 처리하고 자신을 스스럼없이 처세하면 그게 덕이 되는 경우를 나는 경험으로 인지하고 살았다. 서툰 위장이나 포장이면 모면이 가능할 수 있다. 그러나 그게 시간이 오래가지 않고 단명하면 그 피해는 고스란히 내게 오는 경우를 여러 차례 겪기도 했다. 모면용 거짓은 그 당시에는 통용될 수 있다고 해도 때때로 스스로 자백하는 경우를 보았기에 처음부터 정공법 처세가 덕이 됨을 알았다. 그래서 앞에서 소개한 대로 나의 출신성분도, 나의 가문도, 나의 학벌도, 나의 처지도 하등 숨김없이 드러내서 이를 필요조건으로 승화시키는 것이 바람직함에 동의하면서 살아왔기에 그렇다. 하긴 글로벌 칼럼니스트답게 포장과 미화에서는 이미 산전과 수전과 공중전, 그리고 사막전까지 거쳤다. 그런데도 이를 외출 보내고 '가난했다', '못 배웠다', '허약했다'로 치고 나가면 혹자는 과잉처세로 보는 사람도 없지 않을 터다. 그렇다고 동네방네 다니면서 이를 제시하는 저질포장과는 일정 거리를 두고 진정성 위주의 처세에다 품위 위주를 적절하게 가미시키면 그게 나에게는 플러스 요인이 되곤 했다. 나의 롤 모델이 된 고노스케는 실제로 가난한 농부의 아들에다 배움도 없었다. 거기다가 몸은 부실해서 허약한 그대로였다. 하지만 그가 남긴 업적은 지금의 파나소닉을 일으켰고 동시에 일본 차세대 정치지도자의 산실 '마쓰시타 정경숙(政經塾)'을 세워서 일본 정치계와 재계의 인물산출에 크게 공헌한 장본인이다.

덕이 되는 마쓰시타 고노스케의 3대 처세술

지금 한국 사회의 큰 이슈는 학교폭력이다. 이 학원폭력은 지금만의 사회현상이 아니다. 내가 중학교 1학년인 1957년 당시에도 학교폭력은 존재했다. 굳이 다름을 찾자면 그 당시는 너나없이 가난했기 때문에 돈 등의 물질적 요구와는 다른 차원이었다. 나의 경우는 6·25 전쟁 전후이기에 중학교 동기는 장가를 든 학생들도 부지기수였다. 그들이 보면 나와 같은 급우는 몇 번째 동생뻘이나 마찬가지다. 그래서 그들은 가난하고 허약한 나에게는 책가방 들고 따라 다니기나 동급생에게 연애편지 배달부 정도의 폭력을 행사하는 데 그쳤다.

지금 생각하면 장가든 급우보다는 보성읍내에서 살고 있는 도시인(?)들의 행패가 더 컸다. 멸시의 대상을 넘어 왕촌놈으로 치부해서 함께 걷는 것조차 멀리하게 만들었다는 점이 자주 생각나곤 했다. 그래서 나는 은연중에 현실을 그대로 받아들이고 대신 공부 잘하는 일에서 희열을 느낄 것을 지향하는 버릇이 생겨났다. 내 또래 왕촌놈들은 고작 "저 공부도 못한 등신 주제에……" 등의 소리가 없는 욕만 등에다 대고 외칠 뿐이었다.

나의 불행이 너의 행복

그렇다면 왜 나는 내 치부에 가까운 이런 슬프디 슬프고 질곡과 같은 70 평생을 그대로 이실직고(以實直告)하는 걸까? 예부터 사람은 죽기 가까우면 순하게 울려고 한다고 했다. 그래야만 이 혼탁한 사회를 정화시키는 힘이 나오게 됨을 믿고 나서부터다. 가슴속에 묻고 살았던 모든 것을 들춰내기보다는 그대로 가슴에 담고서 가는 것이 더 실용적일 수 있지만 이런 집필의 일을 통해서 가능한 그 일, 나의 불행이 결국 너의 행복이 되게끔 이를 도와주는 포시(布施)의 길도 있다는 점을 인지시키기 위해서다. 마치 내가 칠십 나이까지 가슴에 묻고서 지켜온 마쓰시타 고노스케의 세 가지 철학의 힘이 그 어떤 개시나 명언에 앞서 큰 힘으로 작용함에 고무(?)된 결과일 것이다.

4. 너무나 고마운 두 가지 명함

  '가난했다'와 '못 배웠다'와 '허약했다'에 대한 인생철학을 등에 업
고 살았던 나에게는 두 가지 명함(name card)을 지녔다. 하나는 21년
간 근무한 광고회사 명함이다. 다른 하나는 한국문화콘텐츠학회 명함
이다. 이를 구분하자면 전자는 돈을 버는 회사이고 후자는 돈을 쓰는
조직이라는 점이 다르다. 먼저 광고회사 명함은 나의 젊음이 그대로
녹아 있는 직장이다. 한 회사에서, 그것도 21년간 근무한 관계다. 원
래 나는 광고와 거리가 멀었다. 굳이 인연을 찾자면 야간 상고시절
학교 교과서에 나온 내용 그대로 '광고는 마케팅의 한 부류이고 소비
자의 지갑을 여는 학문'으로 이해하는 수준에 불과하였다. 그렇다고
해도 나와 광고는 평생의 반려자처럼 줄곧 인연을 맺었고 지금도 내
책마다 '광고평론가'로 소개되고 있다.

  사연은 이렇다. 한국의 남자라면 국방의 의무는 당연지사였다. 나
도 그들처럼 향토 31사단에 입영하여 6주간의 신병훈련을 받고 부대
배치를 받아 근무해서 전역했다. 그러나 내게 비전이나 미래는 암담
했다. 이를 딱하게 느낀 큰 누이가 나를 장가들게 했다. 그래서 중매

로 만난 처가 바로 '내조(內助)의 달인(達人)'인 이현숙(李賢淑-옥호 전주댁)이다. 작고하신 노모님의 은덕답게 그녀 역시 시어머니를 그대로 닮았다. 어머니는 유교사상을 물려받아서 내가 항상 '자중자애(自重自愛)'를 금과옥조로 삼기를 바랐다. 반면 내조의 달인인 내 아내는 '사랑해요' 하면서 허약한 나를 긍정의 인간을 만들기에 바빴다. 우선 '사랑해요'를 읊조린 아내의 기도에 의해 우리 내외는 결혼과 동시에 맨손으로 서울로 올라왔다. 와룡선생 상경기(臥龍先生 上京記)의 재연이나 마찬가지다.

처음 신방을 차린 곳은 서대문구 신사동(지금의 은평구) 소재 처마 끝에 달린 단칸방이었다. 요행을 바라는 것은 아니지만 젊음과 배짱은 서울행을 주저시키지 않았다. 내가 평소에 믿고 있었던 나의 모친 박단요 여사의 은덕이 내릴 것 같은 기대도 함께 포함되었다.

이를 기억시키려는 듯이 동네 한 서적 외판원 부인과 친구가 된 아내의 소개로 처음 직업을 소개받았다. 광고영업이었다. 내가 상업학교 출신이라 광고영업은 가능할 수 있을 것으로 짐작하고 나를 소개한 것이다. 처음에는 종로경찰서 맞은편 풍문여고 정문에 붙은 한 빌딩 8층에서 면접이 있었다. 경영주는 내가 불쌍하고 허약하게 보여서인지 그냥 영업부에 배치시켰다. 영업에 가장 기본인 서울 거리를 알아야 하는데 그것마저 낙제점이었지만 입사배치는 나에게 있어서 그냥 행운이나 진배없었다. 급료는 기본수당에다 영업에 대한 리베이트 수준도 감지덕지해서 열심히 출근해 눈으로 배우고 또 눈으로 익혔다. 궁하면 통하게 된다는 말이 빈말이 아니었다.

박정하 사장의 은덕

내게 일자리 제공과 왕촌놈의 신분을 회석시켜 준 박정하(朴貞河) 광고회사 사장은 내게는 은인이다. 광고에 '광(廣)'자도 모르는 나를 '광고평론가'로 업그레이드시킨 장본인이기 때문이다. 서울 상대를 나오신 분답게 사물을 단견(短見)이 아닌 장견(長見)에 탁월하셨다.

최근 박현주 미래에셋 회장의 '회장이 말하는 돈과 인생이야기'인 단행본 『돈은 아름다운 꽃이다』(김영사 간행)에서 이렇게 그를 소개했다. "내 인생에서 빼놓을 수 없는 또 다른 큰 바위 얼굴은 광고회사를 경영하는 박정하 시장이다. 만약 이분의 참여가 없었다면 나는 회사를 창립할 수 없었을 것이다."(78쪽 참조)

비록 가방끈은 짧다고 해도, 부유한 가정과는 거리가 멀다 해도, 박정하 사장처럼 명문대학교의 졸업장 대신 방송통신대학 수료증이 학력의 전부이지만 과거 21년 동안 박정하 사장 밑에서 배운 그의 경영철학과 처세술은 학교와 교과서에서 배울 수 없는 모든 것이 포함되었다. 그래서 내가 사용한 나의 얼굴인 광고회사 '전홍(電弘)'의 영업직 명함은 내 개인적으로 보아도 불멸(不滅)의 인생보증수표였다. 더 다행스러운 일은 전두환 대통령이 세계 유례가 없는 광고공사를 출범시키고 동시에 카피라이터 과정을 신설한 일이다. 광고에 대해서 너무나 무지한 것도 주효했지만 광고 카피라이터 과정에 등록한 배경에는 광고인과의 교류가 매력적이라고 여겨서 열심히 출석했다. 그리고 광고인 인맥지도를 스스로 그리기 시작했다.

광고평론가가 된 사연

지금도 기억이 새롭지만 같은 카피라이터 동료인 박순덕은 내게

한 가지 제안을 주었다. 자신이 다닌 회사에서 광고공사 대상의 잡지를 창간하는데 원고의 청탁을 주선해 준 것이다. 소재와 개념은 자유자재라는 가이드라인까지 구체화시켜서……. 그래서 한국광고공사 17층 도서실을 제집처럼 드나들면서 소재 발굴과 원고집필에 매달렸다. 당시 원고의 상태는 200자 원고지에 빈칸 메우기였다. 다시 고백하건대 일본 잡지를 그대로 옮기는 일에서 단초를 찾았다. 1982년 실제 상황이었다.

믿기지 않겠지만 박순덕과 내가 공모(共謀)한 소재가 월간 『한국광고』 창간호에 게재가 확정되었지만 필자 소개에서 난감한 일이 벌어졌다. 기라성 같은 광고 선배를 제치고 신출내기 학생의 글을 게재하기란 무리수였다. 그러나 박순덕의 과대광고 덕에 게재가 되었고 이게 인기 연재기사가 등극되면서 자연스럽게 '광고평론가'로 포장까지 시켜 주었다. 호랑이 담배 먹던 시절의 일이었다. 하지만 위선이 위선을 낳으면 가식이 되듯이 지식 사기에 혼신을 보태자 이게 화제성 기사로 링크되었다. 결국 10년 후에는 나남신서 204호로 『성공기업 광고전략』(1992년 출판)을 탄생시켰고 그 책은 내게서 처음 단행본의 시초가 되었다. 비록 아마추어의 글이지만 프로의 세계에서 가능한 혼신의 힘에 의해 지금도 팔리고 있다. 당시에도 고가인 권당 20,000원의 책으로 말이다.

5. 다양한 얼굴을 만들기까지

　내게는 적잖은 얼굴의 소개가 이어졌다. 앞에서 잠시 소개한 대로 '광고평론가'는 잡지사가 준 타이틀이다. '글로벌 마케터'는 아부다비 관련 도서를 펴낸 내게 출판사가 판촉용으로 헌사한 닉네임이다. 지금의 '글로벌 칼럼니스트'는 인터넷신문 브레이크뉴스의 발행인 문일섭 대표이사가 '아부다비 통신' 연재에 즈음하여 붙여준 급조 타이틀이다. 그동안 쌓아둔 스펙의 후광이리라. 하긴 돌이켜보면 그동안 그리 적지 않은 광고 관련 단행본 출판과 그에 이어 문화콘텐츠 관련 도서도 내 단행본 목록에 추가하여 왔다. 그러던 중 지난 1996년 8월의 어느 날 나는 대만의 김우중으로 통하는 스탄쉬 에이서 회장의 일대기 집필을 위해 타이베이 출장길에 올랐다. 에이서 노트북의 한국 시장진출을 위한 전초전으로 그의 이름과 그의 기업관을 한국 소비자에게 알릴 필요성 때문이었다. 결국『에이서, 오늘의 영광과 비전』을 출판시키자 스탄쉬 회장은 내게 지금처럼 인터넷이 있게끔 동기 부여한 짐 클라크(Jim Clark) 네스케이프 회장을 손수 소개시켜 주었다. 이를 통해 나는 기업열전에 대한 그의 두 권의 책『실리콘밸리 게

임이론』과『짐 클라크의 수익 모델 엿보기』를 상재(上梓)시켰다. 특히
짐 클라크 회장은 자신의 이름인 클라크(Clark)를 내 영문 이름으로
써도 좋다는 허락까지 내려주었고 지금도 내 영문 명함에서 유효하
고 있다. 이런 사실은 구글 홈페이지에서 '임은모'를 클릭하면 그대로
드러난다. 특히 이미지 보기에서는 실물에 가까운 결과론이 그대로
녹아 있다.

중동 도시국가 아부다비 사랑

앞에서 소개한 대로 나는 2006년 여름방학 동안 중동지역 시장조
사차 두바이를 방문하게 되었다. 이를 통해 중동시장과의 인연이 시
작되었다. 열사의 나라 중동과의 인연은 내 개인적인 입장으로 보면
'인생이모작(人生二毛作)'과 마찬가지였다. 변신이 필요한 시점에서
내게 하나의 길을 열어주는 의미가 포함되었기 때문이다.

중동시장 조사와 연구는 광고전문가에게 활력소 이상의 의미와 가
치를 지닌다. 그렇다고 해도 첫 중동시장 시장조사는 성과무(成果無)
로 끝이 났다. 2006년 당시 인터넷 화상전화를 상업화하고 있는 한
회사의 용역에 의해 50일 출장길에 올랐지만 이미 두바이 인터넷 시
티에는 기술적 모기업인 스카이프가 진출하고 있었다. 50일 해외출장
길이 무위로 끝났지만 그게 내 오기로 작용함은 그다음 일이었다.

가능하면 두바이 대신 도시국가 아부다비에 대한 시장조사와 시장
연구에 대한 러브콜이 이어졌다. 중동에 관한 내 첫 단행본『글로벌
브랜드 두바이』(미래사 간행)를 본 한 기업이 내 등을 다시 밀었다.
그때 당시의 오기(傲氣)는 실패의 고통을 보상하듯 의욕(意欲)으로 변
질(?)되어 다시 짐을 꾸리게 되었다. 이번에는 지난번의 실패를 다시

반복하지 않겠다는 의미에서 전술적 대응책을 스스로 체계화시켰다. 예를 들면 이렇다. 글로벌 마케터답게 '틈새'와 '차별성', 그리고 '생산적인 비즈니스 모델 만들기' 등을 구체화시킨 것이다.

여기서 틈새는 22개국 중동지역의 전부가 아닌 단 하나의 도시국가를 통해서 연구를 선택과 집중으로 중무장하는 일이다. 중동지역 문화와 역사와 언어에서는 그들을 능가하기에는 물리적으로 어렵겠다는 판단에 따라, 오로지 아부다비에 국한시켜 여기에서 시장조사의 차별성을 두어 대응하기로 했다. 그것도 가능하다면 생산적인 비즈니스 모델(BM)을 제시하여 두바이의 실패를 되풀이하지 않겠다는 각오를 다지는 일이 추가되었다. 우선적으로 정보 안테나를 높이 세웠다. 뻔질나게 서울과 아부다비를 오갔다. 그리고 아부다비 인맥을 최우선적으로 넓혔다. 하지만 갈수록 아부다비 시장조사는 어려웠다. 쉽게 열리는 것은 희망사항에 불과했고 또한 순진한 발상에 불과했다. 인내와 배전의 노력에 이어 아부다비만의 비즈니스 문화가 존재함을 간파한 다음 단기전이 아닌 장기전으로 진로를 바꾸 되었다. 다만 내게는 내가 믿는 조물주가 준 달란트인 글 쓰는 재주를 십분 활용하면 그 가능성이 높다는 생각이 나를 격려했다. 그래서 만든 책이 바로 『아부다비의 힘』과 『탄소제로도시 마스다르의 도전』이었다.

2009년 12월 27일의 원전수주에 고무받고

지성이면 감천이라고 아부다비 러브콜에 부응하는 동안 아부다비 브라카에 세워질 원자력 발전소 공사계약이 발표되었다. 그래서 급조된 원전실력을 통해 다시 출판시킨 책이 『그린 에너지 원자력』이었다. 그런 단행본이 내 머리에서 나온 것이 스스로 생각해도 매우 이

례적인 사건이 아닐 수 없었다. 이 책을 받아본 내 광고인 벗은 '지식사기(知識詐欺)의 달인'으로 매도(?)하면서 '틈새'와 '차별성'의 중요성을 강조해주었다.

이를 통해 길이 열리는가 싶더니 결국 아부다비 길은 의외로 쉽게 찾아왔다. 아부다비 인맥인 아부다비 온누리 교회의 한 지인이 아부다비투자청(ADIA)에서 근무하고 있는데 아부다비의 비즈니스 관문은 아부다비투자청과 밀월이 으뜸이라는 정보를 주었다. 그들의 도움으로 만든 책이 바로 『아부다비투자청 대해부(大解剖)』였다. 이 책의 출판사는 세계 최초의 책으로 포장해서 보도자료를 만들었다. 돈에는 꼬리가 없기 때문에 가능하면 모든 금융자료는 비공개가 불문율로 굳어지고 있었지만 마침 바젤운용이 시대적 요청이 되었다. 따라서 아부다비투자청 역시 연례보고서를 처음 공포한 시점이라 어렵지 않게 그 책을 출판시킬 수 있었다.

이를 기점으로 도시국가 아부다비의 돈줄인 아부다비투자청(ADIA) 인맥까지 넓히는 행운도 따라주었다. 문제는 생산적인 비즈니스 모델(BM) 얻기와 제시였다. 이게 난제 중에 난제로서 나를 끝없이 고민시켰다. 단행본이 가진 한계와 같은 맥락이다. 독자의 참여도는 가능하지만 이게 비즈니스를 엮기에는 매우 부족한 실정이었다. 다시 기회가 왔다. 앞에서 소개한대로 '글로벌 칼럼니스트'라는 고유명사를 내게 내려준 인터넷신문 뉴스브레이크에 '아부다비 통신'이 연재되면서 많은 문의와 아이디어가 쌓여갔다. 특히 강연에 나서면 청중으로부터 적잖은 비즈니스에 대한 질문을 받아 이를 통해 비즈니스 모델이 구체화되는 행운을 얻기도 했다. 더욱이 내 칼럼은 아부다비 한인회 홈페이지에 연재되고 이를 영어로 번역하여 읽는 독자가 아부다비 에미리트 사이에 일기 시작했다. 심지어는 아부다비 명문대학 자에드대학 세종학당 소속 한국어 학생들은 이를 복사해서 한국어 공부를 하는 등 관심의 폭을 넓혀갔다. 인터넷 신문의 위력은 소셜네트워크서비스(SNS)를 등에 업고 파급효과는 나 스스로도 놀랄 만한 반응으로 다가왔다. 이런 기적과 행운에 힘입어 다시 워드작업에 들어갔고 올해 1월 세 권의 책이 추가되었다. 『아부다비 통신』과 『아랍의 봄』과 『미나시장(중동+북아프리카)』 등이 바로 그것이다. 특히 『아부다비 통신』은 브레이크 뉴스에 연재된 글 가운데 클릭 수가 많은 것을 간추려 만든 단행본으로 이제는 영문판 제작에 들어갔다. 다양한 얼굴은 그렇게 시작되고 그렇게 이어질 것 같다. 겸손에 겸손을 보태야 하겠지만 내가 실패와 좌절의 끝자락에서 얻어낸 결과이기 때문에 '걸(乞)! 기대(期待)'를 마음속 깊은 곳에서 계속 토하고 싶다.

6. 우리 가족구성원은 열다섯 명

줄잡아 우리 가족구성원은 모두 열다섯 명이다. '줄잡아'라는 타동사를 빌려서 쓰는 것에서 알 수 있듯이 이 숫자는 불변이 아닌 가변성을 품고 있다. 우선 나와 내 아내를 비롯하여 큰아들 내외가 낳은 쌍둥이 두 손녀를 합해 여섯 명이다. 일찍이 경찰공무원이 된 이들 부부는 지금 대련에서 그의 엄마와 함께 어학연수 중이다. 다음으로는 세 딸의 내외와 그들의 2세인 외손자 둘과 외손녀 하나까지 합하면 모두 열다섯이 된다. 대단한 가족구성원이 아닐 수 없다.

이들은 이미 다섯 가구로 나누어져 있다. 사는 곳도 서울을 비롯하여 중국과 안양과 분당, 그리고 부산으로 각기 다른 곳에서 일상을 영위하고 있다. 또한 그들을 자세히 살펴보면 생활의 영위 방법과 생활의 철학은 다문화사회를 닮아서 매우 다양하여 때때로 나를 놀라게 한다. 그래서 나와 40년을 넘게 살고 있는 내 아내는 대가족의 구심점 엮기가 매우 어려움을 인지한 상태다. 군대처럼 한마디 명령에 따라 일사불란하게 움직이는 것은 차치하더라도 의견의 통일이 제대로 이루어지지 않고 있어 우선 나 자신의 리더십 부족을 인정하고 산다.

콩가루 집안이 따로 없다는 한계에 따른 자인(自認)이다.

　함께 모이는 그 자체도 어려움이 이만저만이 아닌게 난제 중에 난제로 꼽힌다. 이를 밀가루 반죽처럼 한곳에 모이고 한곳에서 만나는 일에 대한 노력은 곧 희망사항에 불과하다는 점에서 이미 우리 내외는 합의된 사항이 되고 있다. 그렇다고 해도 구심점이 있는 우리 가족구성원의 단합과 화목은 또 어른들의 몫이기 때문에 여러 가지 시도는 계속되고 있다. 단, 말처럼 쉽지는 않다. 이를 통한 구심점 얻기에서 최근 재발견된 일상을 소개한다.

이효준의 스킨십 재발견

　지난해 10월 막내딸의 아들이자, 내 외손자 이효준을 보름 동안 우리 집에서 키워본 일이 있었다. 생후 8개월짜리였다. 막내부부가 신혼여행차 외국을 다녀온다기에 우리 부부가 임시로 부모를 대신하게 된 것이다. 네 자녀를 키운 내 아내도 오래된 경험은 온데간데없고 매우 낯설어 했다. 그래서 내가 한 축을 담당해서 이효준의 목욕과 기저귀 교환업무를 기쁘게 맡았다. 자식은 내리사랑이라고 유독 막내딸은 서울을 떠나 지아비가 있는 거제도로 시집을 갔고 지금은 부산에서 살고 있다. 시집을 가서 사는 것도 그렇고 마냥 막내답게 제 언니의 뒷바라지에 자란 그녀여서 항상 걱정이 앞선 터다. 그런 막내가 새끼까지 낳아 맡겼으니 온 정성은 기본이 될 수밖에 없었다. 특히 매일 치른 목욕시간을 거치면서 난생처음 스킨십에 대한 경험의 한 때를 보냈다. 우리 아이들에게도 있었을 법한 스킨십인데도 처음처럼 느껴졌다. 내 아내도 마찬가지 의견이었다. 목욕을 즐기는 모습이라든가 목욕을 통한 자신의 의사표시가 대단해서 그대로 엔도르핀이 나오는 착각마저 들었다.

나는 숙달된 조교처럼 아내를 도와 손자의 일거수일투족에 대한 보육교사를 자처했다. 때로는 머리에 두 개의 모자를 쓰고 광대처럼 유아를 웃기는 일에도 가담했다. 광대처럼 티셔츠는 빨강색 일색으로 바꾸고서 말이다. 갓난아이에게도 눈높이를 낮춘 것이 주효됨을 알게 되었다. 지극 정성에 의해 효준은 위탁 보름 만에 풍보가 되었고 이로 인해 귀국한 막내부부에게는 핀잔(?)의 대상이 되었다. 그것마저 웃는 것으로 가볍게 넘기는 자신에 스스로 놀랐다.

발가락이 닮고 그들 이모 성격도 닮고

효준을 목욕시키면서 우리 부부가 발견한 것은 아이의 가운데 발가락이 유독 짧은 것에 놀랐다. 이를 확인하기 위해 물었더니 막내 사위의 발가락이 그렇다는 대답에서 어느 소설가의 소설 제목인 '발가락이 닮았다'가 연상되었다. 1mg 정자에 의한 탄생의 신비가 이렇게 유전인자로 작용함에 대한 경이로움에서도 새삼 인생의 가치와 의미를 터득할 수 있었다.

앞에서 소개한 대로 내게는 세 분의 누이가 계셨다. 우리 부부를 중매한 큰 누이는 고인이 되었고, 인천 막내 누이도 3년 전에 이승을 등졌다. 다만 둘째누이인 김포 누나만 생존하고 계신다. 내 여식들은 명절 때만 만날 뿐이었는데도 큰딸 수전(修銓)은 전주 누이를 빼다 박았다. 둘째딸 수경(修京)은 지금 생존하고 계신 김포 누이의 복사판이다. 성격이나 생각이 동일인이나 다름이 없다. 부산에 살고 있는 이효준의 어머니인 수아(修雅)는 인천 제 고모 그대로의 판박이였다. 이역시 새로운 재발견이면서 동시에 우리가 잊고 살았던 가족구성원

진실게임의 현주소라는 점이 경이의 극치를 이루었다.

우리 부부는 노모가 애지중지 지니고 계셨던 성경책을 보성읍 교회 도서관에 기증하였다. 앞에서 여러 차례 소개하였듯이 종합건강검진센터를 거치는 동안 병상신세를 져야 할 만큼 망가진 내 건강상태로 인한 자각에 따라 이런 자서전적인 단행본이 세상 구경을 하게 되었다고 본다. 또 다른 동기부여는 이효준과의 보름간 육아경험을 통해 유전의 신비를 재발견하였다는 점이다. 그래서 가족구성원은 그냥 장가를 가고 또 시집을 가는 요식행위가 아니라 하늘로부터 선택된 사람들과의 만남을 통해 구체화됨이 확인된 셈이다. 다른 확인은 이제 세 딸들의 부모 대접에 두드러진 변화가 일고 있다는 점이다. 자식을 손수 키우는 과정에서 부모의 은혜와 실체를 경험한 것 같다. 마치 내가 어머님을 이승에 보내고서 그리워하는 은덕의 정이 깊어짐과 무관하지 않을 터다. 불경과 불효에 마냥 울어야 했던 저간의 내 후회막급과 같은 수준으로 재발견의 백미가 되고 있었기 때문이다.

7. 여섯 살까지 어머니의 젖에 매달린 사연

여걸(女傑)의 칭호를 받기에 아무런 부족함이 없으신 내 외조모 이
가내(李可內) 여사에 얽힌 사연은 너무나 많다. 만에 하나 내가 소설
가가 되었다면 박경리의 소설 『토지』(土地)에 해당하는 한국 소설 한
권이 탄생될 수도 있었다. 외가 동네의 대명사처럼 대농의 자리를 거
뜬하게 소화하신 것만 보아도 존경의 모범에 하자가 없기 때문이다.

일찍이 지아비를 잃고 돌아온 큰딸의 두 여식과 한 아들을 흔쾌하
게 살게 하신 그런 점은 차치하더라도 그 많은 식솔을 아우르는 리더
십은 지금 생각해도 불가능을 가능하게 했다는 그 점에 대한 경이다.
고인이 되신 지 올해로 35년이 되었다. 그다음 해에는 내 모친 박단
요(朴單要) 집사도 뒤를 이어 이승을 등졌다. 두 분에게 제대로 효심
한 번 드리지 못한 점은 불효의 극치였기에 지금도 가슴을 저밀게 하
고 있다. 하긴 지금 후회한들 무슨 소용이 있을까? 살아계실 때 잘해
야 되는 일이지만 지금도 마냥 후회만 쌓이고 있을 뿐이다.

"얘야! 젖을 잡고 자면 학교에서 받아주지 않아!"

슬프게 슬픈 내 고백 가운데 가장 부끄러운 고백은 뭐니 뭐니 해도 내 나이 여섯 살까지 어머니의 젖무덤을 붙들고 잤다는 점이다. 실제로 외조모님 말씀으로는 내가 네 살까지 어머니 젖을 먹었다고 했다. 이 점이 항상 외조모님의 미움의 대상이 되었다고 한다. 더 이상 젖을 먹지 못하게 쓴 약까지 발랐지만 막무가내로 먹기를 멈추지 않아 유아교육의 맹점을 들어 외조모님으로부터 내 어머님은 나 대신 질책을 받으셨고 그럼에도 마냥 흐뭇해하셨다고 한다. 사실 확인 결과, 국민학교(지금의 초등학교)에 입학하려면 젖을 먹은 아이는 절대로 받아주지 않는다는 말에 내 스스로 젖가슴을 잡고 잠을 이루는 일에서 졸업을 했다고 한다.

내가 당사자였다면 가능했을까? 내 어머니의 사랑은 매우 극적이었다. 홀몸에 단 하나의 아들이라는 선입견처럼 그냥 맹목적인 아가페 사랑이었다. 지금도 돌이켜보면 아무리 가난하고 아무리 생활이 어렵다고 해도 내 요구에는 완전무결하게 100% 승낙을 해주셨을 정도였다. 내가 철이 들면서 이런 부탁을 하면 해주지 못한 모친의 마음까지 헤아리게 되자 스스로 자제하는 일이 많아졌다.

슬픈 한(恨)과 마음속 각오(覺悟)

그렇게 유년 시절을 거치면서 나도 보성읍 내 보성중학교 3년생이 되었다. 하루 왕복 12km 통학은 나를 단거리 선수로 만들어주었다. '허약하다'는 고노스케의 말이 무색할 정로도 그냥 뛰고 뛰면서 학교를 다녔을 뿐이다. 지금 생각해보면 당시의 통학은 무리수였지만 반갑고 고마운 건강자산이 되었다는 점에서 '어릴 적 고생은 돈을 주고 사서라도 하라'는 옛 어르신들의 충고가 그저 생긴 말이 아니다. 내 경우를 보면……

1959년 10월, 졸업기념 수학여행 접수가 시작되었다. 무슨 청만 하면 100% 들어주신 어머니이시었지만 당시의 거금인 수학여행 경비 얘기를 꺼낼 엄두가 나지 않았다. 그렇게 잘나가던 외가댁도 외조부님 타계와 함께 쇠락으로 치닫고 있어 가난이 내리친 어려움을 알았기 때문이다. 특히 그해는 국내외로 어두운 시기였다. 나라 안으로는 반공청년단이 설치되고 경향신문이 폐간되었다. 9월에는 태풍 사라호로 호남지방이 쑥대밭이 되었다. 사망 924명과 이재민 98만 명 발생에 달하는 등 극심한 재난이 내리친 한 해였다. 나라 밖으로는 카스트로가 쿠바의 수상직에 오르는 등 나라 안팎이 매우 어수선했다. 수학여행 경비는 여름방학 전에 납부한 관계로 나는 이미 포기한 상태이기에 마음만 무거울 뿐 내색은 하지 못했다. 동창생들이 2박 3일 동안의 수학여행에 떠나는 날부터 나는 어머님과 함께 할미당 고개 옆 수해로 피해가 심한 논바닥에서 피를 뽑아서 식량을 대신하는 일에 열중했다. 우리 모자는 말없이 그대로 피만 뽑아서 쌀자루에 넣기만 했다. 수학여행 경비를 대지 못한 엄마인들 얼마나 가슴앓이 되겠는가? 대화는 없던 것으로 기억된다. 그렇게만 흘러갔더라면 좋았을 텐데 사단은 그다음이었다. 구례 화엄사를 다녀온 급우들은 시도 때도 없이 화엄사 구경에 대한 찬사와 칭찬으로 화제의 중심을 이끌어 갔다. 차라리 수려한 지리산 산세와 풍광이 화제가 되었다면 이해하겠지만 사찰에 대한 평가여서 마음의 상처는 상대적으로 매우 컸다. "그래? 화엄사가 대수냐! 다음에 나는 커서 세계를 가볼 것이야!" 이러한 각오로 자신을 스스로 추스르기에 바빴다.

이게 내 슬픈 한(恨)이 되었고 결국 내 해외여행 선호의 계기 부여에다 인생이모작을 통한 해외시장조사로 이어진 셈이다. 그리고 1959년 당시의 수학여행 불참에서 오는 한은 어떤 고생과 시련에서도 보약이 되어 나를 돕는 자양분(滋養分)을 겸했다.

그리고 성인이 되고 광고회사 직원으로 받은 급료를 모아 처음 '포니'를 구입했다. 그 차를 타고 혼자서 그 먼 길(지금처럼 지리산 도로가 개통되기 직전 도로상황)을 돌고 돌아서 지리산 구례 화엄사를 방문했다. 동급생들이 들려주던 대웅전도, 험상한 수문장 사천왕도 별로였다. 마치 사기를 당한 기분이었다. 이를 보기 위해 만 하루를 운전해서 찾아간 수고가 과연 이것인가? 과연 이게 전부인가? 믿기지 않겠지만 차라리 노모님께 수학여행 경비 염출을 하지 않은 게 나았다는 바보 같은 판단에 스스로 웃고 말았다. 다만 그해 따라 곱게 물든 화엄사 단풍이 산사의 처마 자락에 붙은 종소리에 믹싱되어 산사의 운치를 더해주고 있을 뿐이었다.

그래서 지금도 강연에 나가서 화제의 빈곤성으로 막히면 어김없이 수학여행 경비를 화두로 삼는다. 지금의 젊은 학생들은 내가 스스로 꾸민 자작 스토리로 짐작해서 함께 웃고 있지만 그게 사실이고 동시에 어린 시절의 한이라는 것이 얼마나 무섭고 질긴지는 열외가 될 수 없다. 물론 그 당시 내가 열독하고 있었던 한국 최초 세계 무전 여행기(1962년 <동아일보> 연재)인 김찬삼 씨의 글이 불에다 기름을 붓듯 미래를 불태우기에 일조했다.

한번은 우리 가족구성원이 모인 부모님 추도예배를 드린 자리에서 이를 화제로 삼았더니 반응은 별로였다. 고작 그게 수학여행 쇼크냐면서……. 그들은 내심 미국 라스베이거스라든가 파리의 에펠탑이라면 몰라도 고작 구례 화엄사를 가지고서 상처 운운은 차라리 희극이 될 것으로 치부해서 듣고 있었다. 그러나 내가 '글로벌 칼럼니스트'로서 세계시장, 특히 중동시장을 맨발로 이렇게 내리 6년째 뛰고 있는 저력(底力)은 분명히 구례 화엄사의 쇼크가 아니고서 달리 설명이 어렵다. 그 점은 진실게임의 본질임과 동시에 이 책의 마지막 주제인 제9장 '글로벌 리더가 되는 길'로 마감하는 이유에 대한 설명을 겸한다.

외조모님의 질타에 초점이 되었던 분명한 사실처럼 다섯 살까지 노모의 젖을 빨았고, 여섯 살까지는 노모의 젖무덤 밑에서 잠든 이 철없는 아이는 이제 지하철 7호선 승객이 되었다. 세월의 무상함이 지닌 허무가 바로 이런 것이다. 하지만 이렇게 아무 부끄러움이 없이 얘기하는 그 자체도 어쩜 재발견의 이야기에서 백미 중에 백미가 되고 동시에 이마저도 감사해야 할 부모의 은덕이 아닐까 싶다.

09
글로벌 리더가 되는 길

1. 조국을 떠나는 것도 애국의 길 중 하나

    나는 여러 차례 내 출신성분을 왕촌놈으로 정리했다. 그것도 부족해서 네 살까지 노모의 젖을 먹었고 취학 직전인 여섯 살에야 당신의 젖무덤을 해방시킨 그렇고 그런 사내에 불과했다. 그러나 그 많은 공동묘지에 누워 있는 많은 혼령에게 물어보아도 핑계가 없는 무덤은 하나도 없다는 옛 말씀처럼 각기 자기가 처한 환경에서 보면 슬펐을 것이고 또 억울하기는 마찬가지일 수 있다. 그런 내가 감히 무엄하게도 '조국을 떠나면 곧 애국하는 길'이라는 메시지를 토(吐)한 배경은 가난해서 중학교 졸업기념 수학여행을 다녀오지 못한 슬픈 한을 풀기 위해 지구촌 여러 곳을 누비는 동안 '세상은 넓고 할 일은 많다'는 어느 기업주의 직언에 공감한 부분이 많아서다.

    지금과 같은 투명하고 광속으로 소통이 가능한 SNS시대에서 지하철 7호선 승객이 된 주제에 어찌 허튼소리를 할 수 있을까? 어찌 서투른 제안을 할 수 있을까? 사람은 죽음을 앞두고는 누구나 순하고 바른 목소리를 내면서 죽기 마련이다. 자연적인 조화와 인지상정에 의한 사회규범은 동서를 불문하고 지위의 고하를 구분하지 않고 사회적 합의에 의해 이 정도 수준의 우리 지구촌 질서가 잡혔다. 특히 남도 속요에 '정타령'을 기억하면 더욱 그렇다. 이에 따르면 지학(志學-10대)의 정은 번갯불 정이요, 이립(而立-30대)의 정은 장작불 정이다. 불혹(不惑-40대)의 정은 화롯불 정이고, 지명(知命-50대)의 정은 담뱃불 정이며, 이순(耳順-60대)의 정은 잿불의 정이라고 했다. 마지막 70대에 들어서면 종심(從心)으로 매 순간 지는 반딧불 정이라고 정리한 것만 보아도 자연의 순리에서 들리는 목소리까지 듣는 나이다. 거기다가 부질없는 물욕이나 명예욕을 이미 졸업한 마당에 다른 바람은 희망사항이자 이룰 수 없는 허망한 꿈인들 어찌 모르겠는가? 다만 그 끝자락에서 인생 70세에 이르기까지 경험했던 그 철학과 경험을 자신이 아닌 타인에게 전하는 모습이 바로 종심에 일어나는 흔한 노파심 동격의 충언이 된다.

다시 정리하자면 지금 한국 정부가 시급하게 풀어야 할 과제에 관한 제안이다. 생산적인 나의 제안이다. 우선 청년실업 문제의 해법은 어떻게든 기회를 만들어 우리 젊은이들을 글로벌 리더로 키우는 일이다. 가능하면 국내 지향의 리더와 함께 해외 지향의 인재를 고르게 양성하는 일이다. 여기서 해외 지향의 리더는 정부 차원에서 기회를 만들고 이를 통해 전 세계로 보내는 일이 최선의 해결책임을 직시함이 전제된다. 여기서도 우리 가족구성원이 된 손자와 손녀에게 당부한 그대로 자기가 좋아하고 자기가 꿈꾸던 분야에서 이를 자기 브랜드화시킬 그런 일에서 글로벌 리더로 가는 그 길을 지칭한다.

그렇다면 한국적 글로벌 리더로서 가장 적임자였던 두 사람의 주인공 사례에는 시사점이 많다. 스웨덴에서 '누들 킹(라면 왕)'이 된 이철호 님과 필리핀 톤도 파롤라 마을의 여주인공 김숙향 님이 그들이다.

누들 킹이 된 한국판 글로벌 리더

1954년 19세의 이철호는 북극의 나라 노르웨이로 향했다. 그는 그가 가는 나라가 어디에 붙었는지를 몰랐을 것이다. 게다가 지금도 멀게만 느껴지는 스칸디나비아 반도를 그는 58년 전에 밟았다. 6·25전쟁 중에 파편을 맞아 옆구리와 허벅지에 큰 부상을 입은 상태였다. 당시 의료지원단으로 한국 삼팔선에 파견된 노르웨이 의사의 배려로 치료차 그 나라에 갔었다. 거기서 그는 40여 차례에 걸친 치료를 받고 건강을 회복했다. 그래도 아직 다리를 상당히 전다. 지금도 일주일에 한 번씩 물리치료를 받고 있지만 얼굴에는 아직도 웃음이 넘친다. 그는 이제 오슬로에서는 유명인사 반열에 올라섰다.

그의 회고록에 따르면 지금의 성공은 선친이 물려주신 신조였던 "노력해서 이룰 수 없는 것은 없다"를 그대로 믿고 따른 결과였다고 고백했다. 그도 나처럼 딸을 셋이나 두었다. 각각 요리사와 의사와 기자로 일하고 있다. 모두 유럽 남자와 결혼해서 잘 살고 있다.

톤도 파롤라 마을을 개혁시킨 샤론 숙향은 우리 시대의 글로벌 리더

전 세계 82개 국가에서 구호 및 개발사업을 통해 사랑과 희망을 전하는 국제구호개발 비정부기구(NGO)인 기아대책은 2012년 올해의 글로벌 리더로 우리 시대의 김숙향(53세)을 뽑았다. 필리핀 마닐라 소재의 한 마을을 개혁시킨 공로로……

이들의 보도내용에 따르면 김숙향이 필리핀 마닐라 국제공항에서 자동차로 30분 거리에 위치한 빈곤촌 톤도 라팔라 마을과 인연을 맺은 것은 올해로 12년째로 접어들었다. 세계에서 가장 가난한 지역인 톤도 안에 형성된 이 마을 대부분이 집에서 손을 뻗으면 앞집 문에 닿는다. 판자나 양철판 몇 장으로 지은 집이 무려 3만 개나 즐비한 이 마을에는 끊임없이 강력범죄가 이어진, 그렇고 그런 마을에 속한다.

이 지역 외곽에 세워진 '톤도센터'의 안주인이 바로 우리 시대의 글로벌 리더인 김숙향 프로필의 전부다. 그녀는 광산을 3개 소유한 집안의 외동딸이었다. 김숙향은 남부러울 것이 없는 어린 시절을 보냈다. 그러나 중학생이 되던 그해 집안의 사업이 망하고 그 길로 부친은 타계했다. 홀어머니마저 1987년 뇌출혈로 세상을 등졌다. 우울 증에 빠져 세상을 탓하던 시절 한 권의 책이 그들을 절망과 허무에서 일으켜 세웠다.

1800년대 영국에서 고아 수천 명을 거두어 교육시킨 사회사업가 조지 뮬러의 자서전을 읽고 자리를 털고 일어났던 것이다. 1990년 모든 것을 포기하고 단신 처녀의 몸으로 필리핀으로 떠났다. 오로지 마닐라에서 봉사활동을 하고 있는 오빠 하나만을 믿고서……. 마닐라에 도착한 그녀는 현지 보육원에서 청소와 빨래 등 허드렛일을 하며 3년을 지냈다. 그런 과정에서 그녀의 나이 34세 때 사랑이 찾아왔다. 보육원 봉사활동에 참가한 필리핀 목사가 사랑을 고백했다. 그러나 김숙향은 거절했다. 그는 폭력조직 두목 출신에다 전과 34범이었다. 형무소 복역 등 과거를 반성하고 특별 사면 뒤 종교에 귀의해 목사가 되었다지만 너무나 충격적인 과거였기 때문이다. 게다가 김숙향은 독신으로 아이들을 위해 봉사하겠다고 결심한 상태였다.

그러나 고백이 이어지고 고민과 번뇌로 밤과 낮을 설치다가 결국 1993년 그와 결혼하게 이르렀다. 아이 셋을 낳은 다음 2000년부터는 빈민촌으로 집을 옮겼다. 학교가 끝나면 갈 곳이 없고 전기가 들어오지 않는 판잣집 쪽방에 방치된 아이들을 위해서다. 우선 마을 입구에 있는 공터를 활용해서 보육시설을 짓고 봉사활동을 하는 과정에 필요한 자금을 스스로 염출하기 위해 메추리 농장을 겸했다. 그러나 2008년 남편 목사는 메추리알을 수거하기 위해 이른 새벽 자동차를 타고 가다 사고를 당해 그는 이승을 등졌다. 한 몸처럼 함께 어린이 보육사업에 동참한 그녀는 여기서 좌절을 딛고 다시 일어섰다.

곁들여서 2009년부터 기아대책기구의 후원이 시작되었다. 그 자금으로 공터에 버려진 티셔츠 공장을 인수해서 지금 톤도센터는 470여 명을 가르치고 있다. 센터 개소 초기단계에는 "당신이 뭔데 우리 아이를 오라 가라 하느냐"고 욕하던 부모들이 이제 센터에서 식사 제공 및 청소 봉사를 하며 그들을 돕고 있다. 빈민촌에서 자라 자존감이 없던 아이들이 전기도 들어오지 않는 판잣집 구석에서 기름등을 켜고 공부하는 모습에 부모들도 변하기 시작했다. 센터 출신 일부는 필리핀 최고 명문대학 국립필리핀대학(UP)에 진학하고 정부 장학생으로 뽑혀 한국 대학으로 유학을 가는 등 빈민층에 희망을 보여주고 있다. 31세에 필리핀에 땅을 밟아 어느 새 53세가 된 '샤론 숙향'은 자신의 열렬한 팬이 된 학부모에 둘러싸여 행복한 나날을 보내고 있다.

어디 한국판 글로벌 리더가 오슬로 이철호 님과 마닐라 샤론 숙향 뿐이랴. 인생에 주어진 숙명과 인연을 따라 그대로 순응하면서 리더로서 자리를 만들고 또 지키는 그 모습이면 다른 바람은 사치이자 공허한 욕심이 아닐까 싶다.

2. 글로벌 리더가 필요한 이유는 한국 경제의 현주소가 답이다

이번 주제는 좀 무거운 화두다. 하지만 경제를 떠나서 사회의 재발견은 자칫 공염불에 불과할 정도의 사상누각과 같다. 무겁지만 이것을 이해하고 나면 왜 자서전격인 이 책의 마지막 장에서 두 번째로 이를 화두 삼았는지에 대한 답이 될 수 있다.

우선 글로벌 리더가 되기 위해서는 국내외 경제와 사회를 파악하고 이를 숙지한 다음에 자신이 좋아하고 자신이 즐기는 일, 이를테면 자신의 시간과 건강과 신앙을 투자가치로 보아야 한다. 나를 포함한 지는 해의 늙은이보다는 이 나라의 미래인 뜨는 젊은이들의 활약과 기대가 갈수록 크기 때문에 특히 세 가지 관점에서 이를 제시할 수 있다.

하나는 올해 임진년 흑룡의 해는 전 세계적으로 글로벌 리더십 교체기에 해당하고 있다. 지난 1월 실시한 대만의 총통 선거에서 보듯이 그들은 변화 대신 안정을 택해 마잉주 총통을 연임시켰다. 그리고 프랑스와 러시아와 미국 등이 대권의 분수령을 맞고 있고 한국과 중국 또한 예외가 아니다. 둘은 이란의 핵무기 억제를 위한 미국의 경제제재가 올해 하반기에는 본격화된다. 석유정치학 개념으로 미뤄 보면 호르무즈 해협의 석유파고는 자칫 석유 1배럴당 150달러 선으로 치솟는 경제적 불행이 도사리고 있어서다. 셋은 좁은 국토에다 빈약한 자원빈국인 코리아가 믿고 이를 지속 가능하게 하는 기대주는 우리 젊은 층이어서 그렇다.

이 세 가지 관점을 통한 글로벌 리더가 절실함이 눈에 보이고 있었기에 이를 화두로 삼아야 함을 외면할 수 없다는 절박감을 배제하기 어렵다.

Globalization Wave

우리가 살고 70억 지구촌은 이미 세계화 물결에 내몰려 있다. 현재 지구상에는 300여 개의 자유무역협정(FTA)이 맺어져 있다. 지난 30~40년간 진행된 시장통합 쓰나미가 얼마나 거세었나는 16세기 유럽을 흔들었던 세계화 물결과 비교하면 쉽게 가늠할 수 있다. 당시 지중해 선진국이던 이탈리아와 스페인과 그리스 등의 인구는 모두 합해서 2,400만 명 안팎이었다. 이들 선발 지중해 선진국들은 유럽 북부의 독일과 영국이 뒤쫓아 가는 과정에서 시장통합이 이루어졌다. 후발 신흥국 인구는 통틀어 4,600만 명 언저리였다. 16세기 세계화가 7,000만 명 유럽인들의 경제권 통합으로 이어지면서 곡물 값이 8배 이상 뛰었고, 중남미에서 들어온 은(銀) 덕분에 화폐 증발로 저금리 국면이 지속되었다. 그래서 돈의 가치와 인간의 가치와 상품의 가치가 붕괴되는 현상이 지금과 비슷했다. 그래서 현재 진행되고 있는 세계화는 미국과 유럽 등 선진국 경제권 인구 10억 명과 브라질과 중국 등 브릭스(BRICs) 국가 인구 28억 명이 하나로 묶어지는 과정이다. 여기에 대만과 동남아까지 합쳐지면 16세기보다 70배가 넘는 50억 명 안팎이 세계화 물결에 대한 소용돌이를 일으키고 있다.

실제로 16세기 유럽이 세계화로 출렁이고 있을 때 한국 경제는 세계 속에서 어떤 흔적을 찾아볼 수 없었다. 그러나 2010년 한국 경제(GDP)는 세계에서 1.97%의 점유율을 차지하고 있다. 5000년 한국 역사 가운데서 40~50년이라는 짧은 기간 동안 세계화의 바람에 잘 올라탄 덕분이다. 하지만 커다란 피자판에서 1.97%는 부스러기 조각에 불과하다. 이에 우리 젊은이들이 주역으로 적어도 5%대까지는 올려야 하는 당위성이 있다.

위기가 기회라면 변화의 주역은 바로 당신

경제에서 위기는 기회의 다른 말이다. 2011년 9월 미국 국가신용도 하락으로 비롯된 글로벌 금융위기에다 그리스 등 유럽 국가들의 추락은 결국 수출 머신 독일마저 지난해 4/4분기에 이르러서는 전 분기 대비 마이너스 0.25% 성장을 기록했다. 유럽 수출이 막히고 유럽 경제가 엉망이기 때문에 믿었던 독일 경제마저 함께 주춤하기에 이르렀다. 이는 파탄의 세계 경제에서 가늠되는 신호탄이다. 발전과 파탄은 백지 한 장 차이로, 바뀌는 것은 시간문제다. 이제는 경기 불황이 남유럽 전역으로 확산되고 그들 나라의 신용도 함께 추락하기 시작했다. 이를 기회로 삼아서 다시 다이내믹 코리아의 위상을 띄울 절호의 기회를 어찌 외면할 수 있겠는가.

평화굴기(平和崛起)와 대국굴기(大國崛起)의 중국 약진

올해 10월에 있을 중국 18차 공산당대회를 기점해서 대국굴기의 중국 역시 시진핑 시대가 열릴 전망이다. 중국의 대국굴기는 곧 큰 나라로 우뚝 서다의 다른 표현이다. 지금 세계 각국마다 중국경제의 힘이 작동하지 않는 나라가 없다. 특히 자원부국에는 그들 도시의 상징인 차이나타운이 형성되어 있음은 이제 새삼스러운 뉴스가 아니다. 비록 올해 들어 중국이 성장통을 앓고 있다 해도 중국은 늘어나는 미국 달러마저 합리적인 처리방법으로 국부펀드(SWF)를 추가 신설해 국부창조(國富創造)에 열을 올리고 있다. 중국 경제를 배제하고 세계경제를 논하는 것 그 자체가 어불성설이기에 중국의 변화와 경제운용에 대한 연구 및 조사와 대응은 그래서 필요하게 되었다.

질서자본주의가 돋보인 이유

다시 세계 경제에서 국내 경제로 돌아와 보자. 글로벌 리더가 필요한 이유에서 한국 경제의 미래상을 제대로 알아야 이를 등에 업고서 한국이든 해외든 뛰는 발걸음이 가벼워질 수 있기 때문이다. 이들은 지금 '분배의 균등'보다는 '기회의 균등'에 더 목말라하고 있기 때문에 세계화의 물결에서 필연적으로 일어나는 한국적 경제논리를 제대로 이해하는 노력이 절실해졌다.

우선 경제교과서를 썼던 자본주의(資本主義)는 토지와 자본과 노동에 의해 이루어졌다. 경제 구조상 소득의 분배가 커지는 구조상 결함이 원천적으로 도사리고 있어서 시장과 반대질서로 이어짐과 함께 대수술을 받았다. 이를 보안하고 개선하기 위해 생긴 신자유자본주의(新自由資本主義)는 자본주의 피해를 타파하기 위해 모든 규제를 풀었다. 그러나 결국 미국 아이비리그에 속한 하버드대학생 등이 제조업 대신 월가의 금융가로 직행하여 그 좋은 머리로 파생상품 만들기에 열중하는 사이에 2008년과 2011년 두 차례의 글로벌 위기를 맞고 또 휘청하고 있다. 여기에 등장한 경제질서가 바로 질서자본주의 이론이고 개념이다. 모든 규제는 종전대로 풀되 일정부분 시장을 훼손하지 않는 범위의 기업가적 윤리규정을 신설하여 세계 경제운용의 새 틀을 짜는 것을 지향하고 있다.

그렇다면 이러한 변화와 개혁의 회오리가 일기 시작한 2012년을 맞아 우리 시대의 기대주 글로벌 리더가 가는 길에서 지는 해의 우리가 그들에게 던진 경제적 화두는 이제 최적이 될 수 있다. 우리 모두 아는 경제지식이지만 노파심 반과 기대심 반으로 구분해서 이를 강조하지 않을 수 없는 시대상황이 이를 합리화에 불을 붙인 것은 또 무슨 조화일까?

3. 자기투자가 필요한 글로벌 리더의 조건

　'가난했다'와 '못 배웠다'와 '허약했다'를 강조하면서 자신을 추슬렀던 마쓰시타 고노스케의 철학이 그대로 녹아 있는 일본 정치인의 산실인 마쓰시타 정경숙(松下 政經塾)이 내놓은 '글로벌 리더십을 위한 5대 연수지침'은 여기에서도 좋은 길잡이가 된다. 굳이 "내일 신문 1면에 나올 만큼 나는 중요한 일을 하고 있다"라는 강박한 주문에 시달리지 않을 수준에서 우리의 기대주 글로벌 리더에게 필요한 지침이 이에 속한다.

글로벌 리더가 되기 위한 정경숙 5대 연수지침

　일반 승용차로 일본 도쿄에서 남쪽 1시간 거리에 있는 가나가와현 지가사키 시에 위치한 마쓰시타 정경숙은 휴양도시답게 고즈넉함이 묻어 있다. 정경숙 설립자 마쓰시타 고노스케는 일본 메이지유신에 깊이 매료되어 이를 설립하게 되었다. 그는 사재 70억 엔과 마쓰시타그룹 관계사 출연금 50억 엔 등을 토대로 1979년에 설립하였다. 최근 정경숙은 글로벌 리더가 갖추어야 할 연수지침 5대 강령을 발표했다. 한결같이 글로벌 리더가 되기 위한 최적의 내용이라는 평가를 받고 있다.

첫째, 자수자득(自修自得)이다. 스스로 길을 개척한다는 의미다. 이를 통해 글로벌 리더가 되는 소양과 자질이 구비됨을 제시하고 있다. 마쓰시타 정경숙의 입학조건이 성별과 국적과 학력이 배제된 것을 감안하면 스스로 자기가 자기 길을 찾아가는 그 길에 대한 성찰을 절대적 가치로 보기 때문이다.

둘째, 절차탁마(切磋琢磨)이다. 돌을 다듬듯 한문과 지식을 연마해서 글로벌 리더의 길에 오르는 일이다. 자기가 좋아하고 자신이 즐기는 학문을 위해 일정한 규율이 정한 범위 안에서 스스로를 창조하는 그 길이면 된다.

셋째, 현지현장(現地現場)이다. 이론이나 생각이 아닌 문제의 현장에 직접 찾아가서 이를 확인하는 과정이 중요함을 지칭하고 있다. 실제로 정경숙 출신들은 한결같이 현장 중심이다. 정경숙 출신의 나카다 히로시 요코하마 시장은 일본 지자체 단체장 가운데 쓰레기 문제의 달인 시장이다. 이 역시 현장 중심의 교육에 의한 결과다.

넷째, 지덕체(智德體)의 삼위일체 중심 교육으로 훈련된 사람이 되는 일이다. 평소 고노스케가 강조한 대로 "자신의 주위도 깨끗하게 치우지 못하는 사람이 어떻게 세계와 국가를 깨끗하게 정화시킬 수 있겠는가"에 대한 실천력 배양이다. 지력과 덕력과 체력을 구비시켜서 글로벌 리더가 갖추어야 할 기본적인 품격 유지에 만전을 기한다. 이를 위해 서예와 다도와 검도 등에서도 탁월함이 강조되고 있다.

마지막 다섯째, 만차억별(万差億別)이다. 개인은 천차만별인 만큼 다른 사람의 개성부터 인정하고 이를 존중하는 마음가짐에 대한 노력이다. 지금과 같은 소통의 문제를 일본 한 나라로 국한시키기 전에 전 세계를 아우르는 광대한 지구촌 가족 모두에게 통하는 열린 자세의 필요성 강조. 물론 여기에 따른 판단력과 실행력과 배려 등으로 글로벌 리더가 갖추어야 할 3가지 덕목을 추가하는 것이 포함된다. 경우에 따라서는 정경숙 입교생은 농사도 짓고 100km 행군은 기본이다. 현장 리더가 되는 조건에서 자신과 세계를 하나로 일체화하는 그러한 인재 산실로 성장하고 있다.

올해로 정경숙 개교 33년째다. 최근 일본 총리에 오른 노다 요시히코(野田佳彦)도 여기 마쓰시타 고노스케가 설립한 정경숙(政經塾) 출신이다.

세계경영을 꿈꿔라

맨손의 마도로스에서 시작해 세계의 수산회사로 거듭난 김재철 동원그룹 회장의 세계경영은 단순하고 명료하다. 지난해 11월 국내 언론매체와의 인터뷰에서 이러한 말로 한국 젊은이들의 해외 진출을 적극적으로 제시하고 있다(<한국경제> 2011.11.29일자 참조).

"한국 젊은이들이 일할 해외기지를 만들어내는 일이 내 꿈이다. 매년 대학 졸업자가 쏟아지는데 국내에서 아무리 싸워 보아야 발전은 없다. 그래서 적극적으로 세계로 나아가야 한다." 최근 동원그룹이 해외 M&A 본격화에 시동을 걸면서 그 이유를 이렇게 설명하기도 했다. "우리가 아프리카와 태평양에 진출하려는 것은 다른 차원이다. 세계화를 촉진하고 젊은이들을 해외로 나가게 하려면 해외에 기지부터 만들어야 한다. 우선 우리 젊은이들이 한국에 다 살기에는 너무나 좁다. 그들은 우수해서 세계 어디에 붙여놓아도 절대로 기가 죽지 않는다. 좁은 한국에서 아웅다웅 싸워 보아야 무엇이 나올까? 가능하면 기업들이 앞서 그들에게 기회를 창출해주고 그들의 등을 밀면 성과는 배가 된다. 그래서 나는 항상 거기서 5~10년 후에는 자신의 사업을 할 정도의 꿈을 꾸고 나가기를 제안하고 있다."

그리고 그는 이러한 당부도 잊지 않고 덧붙였다. 글로벌 리더로서 갖추어야 할 덕목에 대한 내용이다. "외국어와 기능면에서 '멀티 플레이어'가 되는 일이다. 외국어에서 영어는 기본이고 가능하면 하나를 더 해야 한다. 중국어와 스페인어와 아랍어까지 포함해서 말이다."

이를 위해서는 스스로 자신을 위한 투자개념을 확고하게 세우는 일이 매우 필요하다. 특히 글로벌 리더로 가는 길에서의 자기투자는 토익점수 850점에 근접한 실력으로 세계 경영자의 주체가 되는 일에서부터 시작하면 된다. 망설이거나 주저하는 것은 곧 자기 합리화에 의한 자포자기임을 명심해야 한다.

4. 실패를 즐겨라! 가능하면 더 많이

　제목부터가 퍽이나 도전적이다. 이 책 마지막에 이르러서는 희망만을 노래하고 싶었다. 미래만을 주문하고 싶었다. 그러나 글로벌 리더로 가는 길에서 자기투자가 필요한 리더의 길을 제시하고도 부족해서 실패(失敗)라는 무거운 주제를 꺼내는 것은 무슨 심보일까? 무슨 악의 조화일까? 인생 70년 종심(從心)을 향해 첫발을 떼면서 가장 먼저 주문하고 싶은 메시지와 주제는 실패라는 점에 주목하기 바란다. 왜냐하면 나처럼 실패자가 있어서는 안 되기 때문이다.

　나는 단 한 번의 실패로 그냥 포기하는 젊은이들을 너무나 많이 보아 왔다. 좋은 시대, 좋은 부모, 좋은 세상에서만 살았던 그들이 실패의 고난을 극복하는 일을 알면 얼마나 알까? 입만 열면 그대로 해주는 착한 부모 덕에 모든 것이 그대로 잘되는 것에 익숙한 죄뿐이리라. 행복인지 불행인지 분간은 어렵지만 나와 같이 지는 해의 세대에는 태어나서부터 해방과 전쟁, 그리고 가난만이 기다리고 있었다. 1인당 국민소득(GDP) 100달러 미만의 나라에서 살았던 나와 2만 달러에 근접한 시대에 살고 있는 우리 시대의 기대 주자와 다른 생각, 다른 차원, 전혀 다른 가치관의 잣대로 동격 취급하는 것을 어찌 모르겠는가?

하늘에 떠 있는 구름에도 물기는 있는 법이다. 하물며 글로벌 리더가 되는 길에서 복병처럼 나타나기 쉬운 실패의 저주는 이를 어떻게 설명해야 할까? 그런데도 나는 '실패를 즐겨라! 가능하면 더 많게'를 주문하고 또 제시하고 있다. 심술이 많아서다. 죽을 날이 가까워 종심이 흔들린 모양이다. 하지만 왕촌놈인 나는 실패와는 이미 친숙한 사람이다. 살아온 과거와 지낸 과정 하나하나가 모두 실패작이었다. 마치 이를 하나의 파노라마로 정리하면 슬픈 멜로디에서 시작해 슬픈 오케스트라를 듣는 기분에서 항상 울었지만 내색에 서툴 뿐이다. 고백하자면 실패의 연속이고 실패의 이웃이었다. 그러나 여러 차례 소개한 대로 마쓰시타 고노스케가 내게 중무장시킨 '가난했다'와 '못배웠다'와 '허약했다'를 등에 업으면 순간 자기 합리화에 달인이 되어버렸다.

슬프게도 유산이라는 단어가 멀리 떨어진 관계로 '더 이상 버릴 것이나 있는가를 생각하면 할수록 나와 같은 가난한 왕촌놈에게는 더 이상 잃을 것이 없다.' 이게 숙명적인 보약 구실로 내게 다가왔기 때문에 자포자기가 쉬웠다. 그게 익숙한 가운데 길들여진 하나의 오기, 또는 하나의 끈기가 대신 자리를 잡기 시작했다. 멀리 갈 필요가 없이 인생이모작을 위한 시도는 좋았지만 문화와 종교가 다르고 기후도 다른 중동지역, 그것도 인구 180만 도시국가 아부다비에 마지막 인생을 걸고 몰입한 이 왕촌놈은 겨우 6년 만에 생산적인 비즈니스 모델(BM)을 제안하는 첫발을 떼고 있다. 그래서 내가 스스로 내린 결론은 '실패를 즐기자'였다. 마음을 비우면 다른 무엇이 채워주듯 기분에 스스로 놀라기조차 했다.

지금 일본은 실패학(失敗學)이 유행

지금 일본은 잃어버린 경제의 10년에 이어 후쿠시마 원전사고로 다른 10년을 채우고 있다. 그래서 다시 그들에게 구혼투수로 재등장한 것이 '재발견의 실패학'이다. 서점가마다 실패학 코너가 있고 실패증후군을 극복하려는 그들의 노력이 남의 일이 아니게끔 가슴마디를 치고 있다. 이를 제시한 메시지가 바로 '실패를 반복하지 않기 위해 실패를 연구하자'이다. 전직 벤처기업 사장이었던 이타구라 유이치로(板倉雄一郎) 씨는 자신의 파산극을 단행본으로 출판해 유명인사가 되었다. 올해로 이분의 『사장실격』(社長失格)은 10년에 넘게 팔리는 스테디셀러다. 그는 고급차 페라리를 몰며 흥청망청 놀던 시절부터 파산까지의 과정을 숨김없이 털어놓았다. 때마침 30년 전 도산했던 외식업체 '요시노야'가 도쿄 증시 1부 시장에 재상장에 성공한 것은 기적과 같은 패자부활전을 보는 착각에 빠진다. 실패의 경험 속에 부활의 키워드가 담겨 있다는 실증 제시나 다름이 없는 케이스다.

실패, 이렇게 극복하라

우선 오해를 버릴 것을 주문한다. 나처럼 실패와 벗하는 그런 바보스러움에 대한 향수를 버려달라는 주문이다. 대신 자신의 연속된 실패를 불공평한 여신 탓으로 돌린 사람에게 성공한 이들은 이렇게 조언하고 있다. 승리자가 말하는 '실패에 맞서 싸우는 다섯 가지 계명'은 앞의 도서 『사장실격』이 제안한 내용이다.

첫째, 실패라는 용어를 사용하지 말라. 둘째, 원인을 자신의 탓으로 돌리지 말라. 셋째, 실패를 맞이할 준비에 미리 대비하라. 넷째, 일단 실패할 때는 미련 없이 발걸음을 돌려라. 다섯째, 실패는 끝장이 아니라 진정한 출발로 가늠하라 등이다. 이를 종합해서 그는 이렇게 결론을 내리고 있다. '실패는 마지막의 동의어(同義語)가 아니다'라고 말이다.

라이트 형제의 실패학 승리

1903년 12월 17일. 미국 노스캐롤라이나의 키티호크 해변에서 라이트(Wright) 형제가 비행시험을 시도했다. 이날 12시 정각에 동네 사람 다섯 명이 지켜보는 가운데 형인 윌버 라이트가 59초 동안 260m를 날아가는 동력비행을 성공시켰다. 12월 8일 당대 물리학자이자 비행가인 사무엘 랭글리(Samuel Langley) 박사의 역사적인 비행시험이 실패한 날로부터 9일 후였다.

랭글리 박사가 비행에 실패하자 모두들 이제 백 년을 더 기다려야만 우주를 날려는 인간의 꿈이 실현될 것으로 믿고 있었다. 그러나 오하이오 데이턴에서 자전거포를 운영하던 무명의 형제들이 이를 성공한 것이다.

결정적 차이는 비행기 개발을 바라보는 시각에 있었다. 랭글리 박사는 비행기가 떠서 나는 것으로 본 반면 라이트 형제는 날다 보면 뜬다고 여겼다는 점이다. 그래서 랭글리 박사는 뜨는 것에 집중하여 가볍고 동력이 센 엔진개발에 몰두했다. 대신 라이트 형제는 나는 것에 집중하여 공중에서 조종이 수월한 기체설계에 힘쓰면서 언덕 위에서 바람에 의해 비행기를 날리는 방식을 택했다. 이렇게 시각의 차이에서 오는 결과가 다르듯이 지금과 같은 불확실성이 높아가고 있는 가운데 세계 경제질서의 향배는 어디로 가는지를 가늠하기조차 힘들다.

이러한 시대에서 성공이 실패를 모르고 진행된다면 얼마나 좋을까? 그러나 세계 경제질서를 향한 주자는 우리만이 아니다. 세계가 함께 움직이고 또 함께 뛰고 있다. 그렇다면 만에 하나 있을 실패에 굴복할 것인가? 아니면 오뚝이처럼 실패를 반기며 재기하는 모습에 갈채를 보낼 것인가? 선택은 바로 당신의 몫이다. 글로벌 리더가 되는 일도 여기에 포함될 수 있다.

5. Al Ahmed Forum

나에게는 지금까지 두 개의 명함이 있었다. 앞에서 소개한 대로 돈을 벌어주었던 광고회사 명함과 돈을 써야 하는 문화콘텐츠학회 명함을 지칭한다. 벌어서 쓰다 보면 손익계산상 적자인생의 굴레를 벗어나는 일이 쉽지 않았다. 우선 상식선에서 기대난이다. 그러나 돈이라는 것은 주인을 찾아다니는 것이 아니라 주인에 의해 발견해서 안아야 하는 속성에 따라 이를 간과할 수 없는 경제적 논리가 우리의 목을 조르고 있다. 이를 불식시키기 위해서라도 소유의 본질을 사랑하는 측면에서 먹고살 정도의 돈에 대한 만족도는 기본적 경제철학에 가이드라인이다. 이를 도외시하거나 무시할 수 없기 때문에, 인생 이모작을 완수하기 위해서라도 우선 돈이 없으면 불편하고 또 가족구성원에게 부담을 주는 일이라고 믿고 있다. 그래서 이 대안으로 생각해낸 것이 글로벌 사회적 기업(Global Society Business Corp)이라는 비즈니스 영역이다. 질서경제학의 본류인 조직과 경영에 의한 새로운 기업문화가 이제 지구촌 곳곳에서 주목을 받고 있음과 무관하지 않다.

각성과 각오 사이에 번민하게 만든 귀경 고속버스

이를 자세하게 설명하기에 앞서 나는 인생이모작에 충실하고 있다. 이를 위해 중동지역 도시국가 아부다비의 연구와 조사를 통한 글쓰기와 칼럼 연재와 강연으로 그런대로 열심히 살았다. 그러나 많은 분들에게 자의든 고의든 신세를 지게 되었고 이를 통해 미안한 마음이 서서히 고개를 들고 있다. 때로는 이를 불식시키기 위해 자기 합리화로 포장해서 이를 외면하거나 무시하거나 했지만 이게 자랑의 전부는 아니라는 결론을 내렸다.

하지만 앞에서 여러 차례 소개한 그대로 왕촌놈에다 백면서생(白面書生)이 뛰어보아야 부처님 손에 놀고 있는 손오공에 불과하다는 인지사항 수준의 자기당착으로 차일피일 날과 달만 지나갔다.

그러던 중 2년 전쯤 경남 경상대학교 CEO반 강연차 울산에 내려갔다. 그 강연장에서 한 중소기업 사장님으로부터 호된(?) 질타를 받고 정신을 차린 사연이 생겼다. 내용인즉 그 사장님은 강연내용은 좋은데 "글로벌 칼럼니스트로서 성공사례 하나쯤은 만들어내야만 이름값을 하지 않겠느냐"를 구체적으로 제시해 나를 머쓱하게 만들고 말았다. 그냥 들으면 이것 역시 별것이 아니지만 순간적인 재치로 이를 농담반 진담반으로 웃어넘기면서 가슴 한편에는 오기처럼 그 무엇이 나를 짓누르기 시작했다. 정신이 바짝 들었다. 귀경 고속버스 안에서 이를 깊이 고민한 4시간 동안 슬프고 또 슬펐다.

아부다비 기업 성공률은 3.5% 내외

내가 그동안 다른 매체나 다른 글에서 여러 차례 언급한 대로 아부다비 비즈니스 성공률은 고작 3.5%에 불가하다. 100개에서 성공확률

이 고작 3~4개 정도에 불과한 이런 기업 환경에서 기업 운운하는 것 자체가 난센스이고 또 블랙코미디가 따로 없기에 선뜻 실행에 옮기지 못한 채 자꾸 시간만 날아갔다. 게다가 세계적인 장사꾼 아랍 상인들은 그냥 돈을 벌게끔 놔두지 않는다는 것을 익히 들었던 점도 발목을 잡았다. 그런 와중에 내가 믿는 조물주가 불쌍히 여긴 것인지, 2011년 출판한 나의 저서 『아부다비투자청(ADIA) 대해부』를 받아본 아부다비 파이낸스 관련 기업으로부터 비즈니스거리에 대한 자문과 함께 용역을 맡게 되었다.

그리고 1년여 세월이 흐르면서 자본과 영업은 아부다비 에미리트들이 맡고, 경영과 컨설팅은 내가 맡은 이원경영구조(二元經營構造)의 사회적 기업 '아메드포럼(Al Ahemed Forum)'이 탄생해 오늘에 이르렀다. 비즈니스 내용은 할랄푸드에 포함될 '스쿼이드 스파이스(Squid Spice-오징어 과자의 일종)'를 아부다비에서 제조하는 일이었다. 이미 이를 구체화시키기 위해 아메드포럼 경영진은 네덜란드 푸드밸리에 다녀와서 그들이 자랑하는 톱원의 공장시스템을 그대로 옮기는 작업에 들어갔다. 결과는 국제로펌과 계약한 대로 오는 2013년 하반기에 어느 정도 윤곽이 들어갈 것 같다. 모든 일에 불확실성이 존재하기 때문에 속단은 금물이지만 예감은 좋다. 다만 변수가 없음이란 단서가 붙지만……

지금의 기도제목은 세 개에서 두 개로 줄고

내게는 구제불능의 나쁜 버릇이 있다. 심신이 풀리면 그냥 속으로 내가 믿는 조물주에게 기도를 이렇게 한다는 것이다. "하늘에 계신 하나님, 제게 기회(機會)와 능력(能力)과 건강(健康)을 주십시오." 그러나 물질적 어려움에 처하고 따라서 마음이 괴로우면 일자산 잔디광장에 올라서서 악을 쓴다. "왜 저를 버리십니까? 빨리 기회와 능력과 건강을 챙겨 주십시오." 마치 어린 시절 어머님께 떼를 쓰던 그 버릇대로. 하지만 지금은 인생이모작으로 아부다비 몰입을 굳히면서 기도 제목 역시 두 개로 압축되었다. 예를 들면 이렇다. "지난번 울산에서 귀경하는 버스 속에서 기도한 대로 이제부터는 능력과 건강만을 챙겨주십시오"라고 말이다.

아라비아 海가 넘실대는 아부다비 해안도로 코니치로드에 앉아서

자주 뉴욕 맨해튼과 비교되는 아부다비 해안도로 코니치로드는 내게 알맞은 휴식처 이상의 가치를 지니고 있다. 우선 아부다비 체제 때마다 신세를 지고 있는 숙소인 힘단로드와 지척인 관계라는 이점도 있지만 노을이 진 아라비아 해(海)에 넘실대는 바닷바람은 일품이다. 건강에 적신호를 느낀 요즘은 더욱 산책과 사색이 일상의 절반을 차지하고 있다. 그 연장선상에서 나는 나만의 미래 구상에 스스로 취하곤 한다. 들으면 싱거운 소리로 들릴지 모르지만 내게는 진정성이 강하다. 내가 자주 앉아서 사색의 장이 되고 있는 코니치 15번가는 그래서 더 정겹다. 강력한 아라비아 해(海)의 노을과 바다냄새가 내 코를 찌르기 시작하면 자연스레 나의 시선은 그리 멀지 않는 위치에 자리를 잡은 림 아일랜드로 향한다.

오는 2013년 10월이 되면 8층 규모의 아부다비 한국문화원이 준공된다. 그러면 가장 낙조가 일품인 장소에다 아메드포럼이 주최가 되어 '임은모 코너'라는 소장도서실을 만들 것이다. 지금의 아부다비 한인회 식구가 3,000명이지만 2014년이 되면 13,000명으로 늘어난다고 한다. 이들이 한국문화원을 찾을 때마다 소장도서실을 둘러볼 것이고 그리고 더욱 조국 사랑에 진한 감동을 받을 것이다.

그 끝자락에는 우리 가족의 구성원이 된 큰아들의 쌍둥이 제선과 제연을 비롯하여 큰딸의 김민재와 둘째딸의 김사윤과 막내딸의 이효준 등이 우선 건강하게 자라면서, 자기가 좋아하고 자기가 사랑하는 직업을 택하기 위해 다니던 대학교 도서관에서, 할아버지(또는 외할아버지)의 이름이 적힌 내 책을 보면서, 이승을 등진 할아버지를 생각하는 모습을 떠올리게 된다.

그리고 아부다비 한국문화원에 설치된 '임은모 코너'에 대한 확인을 위해 아부다비를 찾는 그 시간과 그 모습을 그려보는 동안 아라비아 해(海)에 저문 노을은 이제 오색조명으로 물들기 시작하고 있다.

삶의 향기가 나는 제4연령기에 서서

　우주의 이치를 알기 위해 자연의 공간만큼 좋은 장소는 없다. 저기 무한한 우주관과 여기 유한한 인생관 사이에서 좋은 장소인 시골은 언제나 고향의 이미지와 직결되어 있다. 나는 이 책에서 여러 차례 '왕촌놈'을 비롯하여 '콩가루 가정 벗어나기'에 대한 주제와 제안을 곁들였다. 그런데도 나는 성년이 되어 결혼과 함께 아내와 상경한 후 아직까지 시골과 농촌의 공간에서 살아보지 못했다. 이 때문에 항상 내 가슴에는 시골과 농촌의 이미지는 유년의 연장선에서 느끼는 아련함이 짙을 수밖에 없다.

　우선 숙명적으로 아버지는 일찍이 잃었다고 치더라도 예순셋에 이승을 등진 어머니에게는 '불경(不敬)한 외아들'이라는 딱지를 벗지 못해 죄스러움에 우는 후회의 칠십줄 인생이 곧 나다. 그래서 인생 롤 모델로 마쓰시타 고노스케를 삼았다는 고백을 통해 인생 재발견의 의미와 경험을 소중하게 여기지 않으면 안 되는 그렇고 그런 인생임에 분명하다. 다만 이를 위해 인생학적 제4연령기(Fourth Age)인 종심의 정을 바이블처럼 가슴속에 품고 살았다. 여기에 대한 명분론(名分論)으로 틈새와 차별성을 특화시킨 글로벌 칼럼니스트로서 나만의 세계를 지향하는 데 전 생애를 보냈다. 따라서 '실버세대의 자기경영(自己經營)'을 위한 액션플랜은 그런대로 갖추고 살기를 기도했다.

그렇다고 해도 70세에는 무엇을 하고, 80세에는 어디를 가고, 90 무렵에는 어떤 일을 하고 있을지를 그려볼 만큼 건강치 못한 것이 부끄럽고, 가족구성원에게 미안할 뿐이다. 특히 내조의 달인인 내 아내에게 '자랑할 수 있는 남편'이 아닌 '어쩔 수 없이 함께 살아야 하는 남자'로서 지하철 7호선 승객이 되었음은 심히 부끄럽다.

고작『지하철 6호선 승객이 이제 7호선 승객으로』를 통해 부끄러운 자화상을 드러낸 용기와 후회를 밀가루 반죽처럼 정리한 나의 이 흑심은 그래도 가족적이라는 점과 프로만이 가질 수 있는 결과물이라는 칭찬(稱讚) 외에는 모두 허영(虛榮)의 산물일 것이다. 왕촌놈이 시골 고향을 등지고 도시에서만 살았던 70 생애에 대한 불찰(不察)과 여섯 살까지 젖가슴을 만지게 허락하신 노모님께 불경(不敬)인 듯하여 후회막급(後悔莫及)이다. 이런 상황에서 "이제 벌써 일흔인데……" 라고 말하는 사람이 아니길 바라는 내 희망사항만은 이승을 등지는 그날까지 이어지길 기도할 뿐이다.

서두에서 언급한 대로 더글러스 맥아더 장군의 "노병은 결코 죽지 않는다. 다만 사라질 뿐이다"는 아직도 나에게 유효하다. 무한한 우주관과 유한한 인생관 사이에서 향기가 나는 노년의 삶을 강하게 어필하는 메시지이기 때문이다. 이것이야말로 이런 다언다사(多言多謝)에다 어려운 한자(漢字)까지 인용하는 이유이다.

임은모 ──────────────────────────────────────

글로벌 칼럼니스트
한국문화콘텐츠학회 부회장
Al Ahmed Forum 공동대표
한일마케팅포럼 기획위원
한세대학교 광고홍보과 겸임교수 역임

『Global Green Growth Report』(2011)
『아부다비 투자청 대해부』(2011)
『스위트 그린머니』(2010)
『그린에너지 원자력』(2010)
『탄소제로도시 마스다르의 도전』(2009)
『아부다비의 힘』(2009)
『글로벌 그린마켓 승자의 길』(2009)
『글로벌 브랜드 두바이』(2007)
『문화 콘텐츠 비즈니스론』(2003)
『디지털 콘텐츠 입문론』(2002)
『모바일 콘텐츠 게임 개발론』(2002)
『짐 클라크의 수익모델 엿보기』(2001)
『취해도 광고는 바로간다』(1995)
『성공기업 광고전략』(1992)

「광고전략에서 케이스스터디 영역과 역할에 관한 연구」(1997)
「모바일콘텐츠에서 기술적 특성과 게임프로듀싱에 관한 연구」(2000)

월간 <팝사인> 광고칼럼 연재
월간 <디지털콘텐츠> 콘텐츠개론 연재
브레이크 뉴스(www.breaknews.com) '아부다비 通信' 연재

'탄소제로도시 마스다르의 도전' 강연
'중동시장에서 국부창조(國富創造)의 지름길' 강연

이메일: adimo@hanmail.net